「レジリエンス」を鍛える92の言葉

逆境力のコツ

植西 聰

自由国民社

まえがき

人の人生は山あり谷ありです。

思わぬ事態に見舞われて、まったく予想もしていなかった逆境に陥《おちい》ってしまうこともあります。

「仕事で失敗して、陥る逆境」

「金銭的な意味で、苦しい生活を余儀《よぎ》なくされる逆境」

「仲間外れにされるといった、人間関係での逆境」

「夫婦関係、子供との関係が壊れそうになる、家庭生活の逆境」

「資格試験に何度も落ちてしまうという、勉強での逆境」

「病気になって寝込んでしまうという、健康面での逆境」

「何もかもイヤになってしまうという、精神面での逆境」

など、人生には様々な側面を持った逆境があります。

そんな**逆境が代わる代わるやって来るのが、人の人生とも言えるのです。**

まさに人生は、逆境の連続とも言えます。

そんな山あり谷ありの人生をたくましく生き抜いていくために必要になるのは、逆境を乗り越えていく力、すなわち**「逆境力」**なのです。

本書では心理学の報告や、様々な逆境を実際に乗り越えてきた偉人たちの言葉をベースにして、「逆境を乗り越えるためのコツ」を数多く取り上げました。

読者の方々が実り多い充実した人生を実現するために役立つノウハウも、必ず見つけられる内容になっていると思います。

私は特に、「逆境に強い人」になるためには、次の三つの思考を持つことが重要ではないかと考えています。

- **楽観思考**
- **自尊思考**
- **自己効力思考**

「楽観思考」というのは、思い詰めないということです。クヨクヨせず、明るい未来がやって来ることを楽しみに思いながら生きていくことが大切です。

「自尊思考」とは、自分を大切の思う心を持つ、ということです。自分の欠点ばかりに意識を向け、自分をダメ人間だと思い込むのではなく、「自分はすばらしい存在だ」と自覚しながら生きていく、ということです。

「自己効力思考」とは、自分の能力や精神力を信じる、ということです。「やってもムダだ」と考えるのではなく、「自分の力をもってすれば、やればできる」と信じることです。

本書の中ではたくさんのノウハウを取り上げていますが、そのベースになっているのは、「楽観思考」「自尊思考」「自己効力思考」という三つの思考法です。

この三つの思考法をしっかり身につけていれば、どのような逆境にでも打ち勝つことができると信じています。

著者

目次

まえがき　3

第1章　感謝を生きる力に変える　17

辛い気持ちを人に話すことで、心が「浄化」されていく　18
誰かのグチや文句ばかり言っていても事態は何も改善しない　20
「自分だけじゃない」と気づくことで、生きる希望と勇気がわいてくる　22
「昔はよかった」が口グセになっている人は、いつまでも逆境から抜け出せない　24
「失敗する後悔」よりも、「失敗を怖れて何もしない後悔」のほうが大きい　26
悲しい時には、悲しい音楽を聞くと、心が楽になる　28
「感謝する」ことは、ネガティブな感情を和らげてくれる　30
逆境の中にあっても、「感謝する気持ち」を忘れない　32
自分の欠点に感謝できる人が、逆境に強い人になれる　34
「人に感謝した経験」をいつまでも覚えておく　36
自分にうぬぼれている人は、逆境で破滅してしまうことが多い　38

第2章　正しい姿で生きていく　41

ほどほどの期待は意欲を高め、過剰な期待は気持ちを落ち込ませる　42
ヘタに自分と他人とを見比べるから気持ちがますます落ち込んでいく　44
時間をかけて迷えば迷うほど、後々後悔することが多くなる　46
自分なりの「理想」を持つことで、心が強くなっていく　48
自分なりの「この道」を見つけ出した人は、逆境に強い　50
正義感を持って生きている人は、逆境に強い　52
「これが正しい生き方だ」と信じたものを、最後まで貫く　54
積み重ねてきた努力が、自分への自信を作り出す　56
根も葉もない悪口を言ってくる人間など、無視して相手にしない　58
「恥ずかしくない生き方」をしていれば、逆境でも心安らかでいられる　60
「自分のことは自分でやる習慣」がある人は、逆境に強い　62

第3章　無理をせずに立ち直っていく　65

無理をして明るく振る舞うと、かえって落ち込みがひどくなる　66
「マインドレス」の状態で判断、行動すれば、間違いをおかしやすい　68
自分自身のちっぽけな考えを捨てて、天の命じるところに従う　70
「逆境に強い人」になるための六つの心得とは？　72
自分の心の、ネガティブな感情を消し去る「魔法のボタン」があると信じる　74
「プラシーボ効果」で、上手に気持ちを切り替えていく　76
心を自動操縦に任せるのではなく、手動で操縦していく　78
人の気分は、その日その日でコロコロ変わっていくもの　80
時間の経過と共に、どんなに大きな悲しみも癒されていく　82
楽観思考が、絶望的な気持ちから自分自身を救ってくれる　84

第4章　最後まで可能性を信じる　87

「自己効力感」が高い人が、逆境に強い　88
いいイメージを持つことが、逆境を乗り越える力を養う　90
他人の活躍を見て、自分自身への励ましにする　92
がんばってみる前から、あきらめている人がいる　94
可能性があるかぎり、知恵をしぼって良策を探す　96
気持ちが落ち込んでいる時は、何事でもあきらめやすくなる　98
体力がない人は、精神力も弱くなっている　100
逆境にあっても、「人としての誇り」を失わないで生きていく　102
「思い上がり」で逆境に押しつぶされ、「誇り」で逆境を乗り越えていける　104
憧れの人を「ロールモデル」にすることで、生きる勇気と自信を得る　106

第5章　上手に感情をコントロールする　109

辛いことを考えまいと思うほど、かえって辛いことばかり考え込む　110

「適度な不安を持つ」のはいい、「不安を怖れる」のはダメ　112

怒りの感情のために、将来への展望が見えなくなる　114

逆境を経験することが、その人を人間的に成長させる　116

「朝の来ない夜はない」と信じて、勇気を持って生きる　118

視野を広げることで、逆境体験が持つもう一つの意味が見えてくる　120

「不快情動」は動物には許されても、人間には許されない　122

自分なりに、不愉快な思いを処理する方法を作っておく　124

不愉快な思いは、できるだけ早く消し去ってしまうほうがいい　126

第6章　自分らしさを尊重する　129

誰も認めてくれなくても、自分で自分をほめる　130
自分を大切に思う気持ちが強い人ほど、逆境にも強い　132
「仕事しかない人間」ほど、仕事に行き詰まった時に弱い　134
満足して生きている人は、逆境にへこたれることがない　136
夢と希望があってこそ、辛い試練を乗り越えていける　138
自分の欠点よりも、自分の長所を意識しながら生きる　140
自分の欠点を受け入れられる人のほうが、逆境に強い　142
自分の強みとは何かを自分自身でよく理解しておく　144
自分の弱みを気にするよりも、自分の強みを生かすことを考える　146
自分の強みに磨きをかける「日頃の鍛錬」をしておく　148
絶望的な状況では、あえて危険な打開策を試さなければならない時もある　150

第7章　楽観的に考えていく　153

必要以上の反省をするよりも、上手に割り切ってしまうほうがいい　154
「失敗したら終わり」ではなく、「失敗してもやり直せる」と考える　156
完璧主義者は、危険な賭けをして我が身を滅ぼす　158
逆境に陥っても、「この状況は長くは続かない」と信じる　160
「人から嫌われたら嫌われたでしょうがない」と割り切る　162
病気を心配しすぎるから、かえって病気を招く　164
能力があるのに、「自分には能力がない」と思い込む人がいる　166
「失敗を生かす」気持ちが旺盛な人は何度失敗をしても心が折れない　168
厳しい上司の叱り言葉など、軽く聞き流してしまうほうがいい時もある　170
人間には「どうしようもなかった」と、割り切ってしまうほうがいい場合もある　172

第8章　自分自身を励ましていく　176

心がくじけそうになった時の、自分ならではの決まり文句を用意していく　176
自分がたくさんの試練を乗り越えてきた事実を思い起こす　178
怒って文句を言ってくる相手に、パニック状態にならずに済む方法　180
「楽観的な言葉」が、混乱した気持ちを落ち着かせてくれる　182
本番にのぞむまでの努力を思い出して、緊張感をほぐす　184
ネガティブな言葉をあえて言うことで、心が楽になる場合もある　186
過去の成功体験を思い出すことで、自信と勇気を取り戻すことができる　188
逆境を乗り越えるきっかけになった経験を覚えておく　190
逆境経験が、生きていくための貴重な財産になる　192
人生の行き詰まりが、新しい人生への展開を生み出す　194

第9章　人間関係を大切にする　197

人間関係のつながりが、窮地から自分を救ってくれる　198
イザという時に、周りの人たちが救いの手を差し伸べてくれる人物とは？　200
困った時に相談できる「互助」のつながりを作っておく　202
感謝の気持ちが、窮地を脱するきっかけを作る　204
親の心が折れそうになった時、子供たちが親の心の支えとなる　206
逆境にある自分をバカにしてくる人に、どう対処するか？　208
いったん怒ると、怒りはどんどんエスカレートしていく　210
いいライバルの存在が、くじけそうになる心を支えてくれる　212
自分の苦手な部分をカバーしてくれる人をパートナーにする　214
日頃から大事にしてきたお客さんが、逆境での心の支えになる　216

第1章
感謝を生きる力に変える

辛い気持ちを人に話すことで、心が「浄化」されていく

◆悩みを自分一人で抱え込まない

時として人は、悲しみ、不安、落ち込み、苦しみ、劣等感といったマイナスの感情に心をとらわれる場合があります。

特に人生の逆境を経験しているような時は、このようなマイナスの感情に心を振り回されてしまうことになります。

では、このマイナスの感情をどのようにして癒し、解消していけばいいのでしょうか。参考になるヒントが心理学にあります。

心理学に**「カタルシス効果」**という言葉があります。

日本語では「浄化」と言われています。

「心からマイナスの感情を洗い流し、心を浄化する」という意味です。

心を「浄化」するためには、いくつかの方法があります。

その一つの方法が、**「人に話す」**ということです。

たとえば、仕事がうまくいかず窮地に立たされているような時、その問題を自分一人で抱え込んでいると、あせりや苦しみ、将来への不安といった感情が自分の心の中でどんどん大きくなっていきます。

そして、そんなマイナスの感情に自分自身が押しつぶされてしまうという事態にもなりかねなくなるのです。

そんな時に、**信頼できる友人や家族などに、自分が今置かれている状況や心境をありのままに話すと、心がとても楽になるのです。**

心理学で言う「カタルシス効果」が起こったのです。

つまり、「話す」ということで、心の溜まっていたモヤモヤした感情が外へはき出され、心が「浄化」されたのです。心が「浄化」されることによって、「がんばれば、どうにかなるんじゃないか」という希望を持てるようにもなります。

心が楽になるためには、自分一人で抱え込まず、人に話を聞いてもらうということが大事なのです。

誰かのグチや文句ばかり言っていても事態は何も改善しない

◆自分がすべきことを考え、自分で行動する

人生や仕事においていて何かうまくいかないことがあると、すぐに誰かのせいにしてグチや文句ばかり言う人がいます。

しかし、グチや文句ばかり言っていても、事態は何も改善しません。

事態を改善し、うまくいかない状況から抜け出すには、みずから何をすればいいか考え、それを行動に移すことが重要なのです。

心理学に面白い報告があります。

ある若者のグループが研修のためにアメリカの大学に短期留学しました。

若者たちは大学の寮に入ることになりました。その寮にはコップがありませんでした。

心理学の実験者がコップを取り去って、その状況の中で若者たちがどう行動するか観察したのです。

飲み物を飲むにも、歯をみがくにも、コップは生活の必需品です。コップがない生活はとても不便です。

一人の若者が寮の管理者に「コップはないのか」と聞きました。管理者は「ない」と答えました。

その後、若者たちは「コップぐらい備えつけておけばいいのに」「なんて気がきかない寮なんだろう」と、その大学の寮についてのグチや文句を言い合うだけで、どこか外部からコップを調達してくる努力を何もしなかったというのです。

寮の近くにはスーパーがあり、そこではコップを売っていたのにもかかわらず、です。

この心理学の実験は、**「人は一般的に、グチや文句を言っているだけで、みずから問題を解決しようとする努力をしない傾向が強い」**ということを示しています。

日常生活の中で逆境に陥《おちい》るような経験をした時も「グチや文句を言うだけで何もしない」というタイプの人が意外と多いのではないでしょうか。

まずは、自分が何をすればいいか考えてみることです。そして行動することです。

これができれば逆境から簡単に抜け出せるかもしれないのです。

「自分だけじゃない」と気づくことで、生きる希望と勇気がわいてくる

◆自分と同じ体験をしている人と話をする

重い病気をして、自分の将来に強い不安を感じている人がいます。

病気の時に、大きな不安を抱いたままでいることは、もちろんいいことではありません。心労がたたって病状が悪化してしまう危険もあります。ストレスから自暴自棄《じぼうじき》になり、治療に専念できなくなる可能性もあります。

ですから、重い病気をした時は「病気への不安感」をできるだけ軽減する必要が出てきます。

そのためによく行われている方法が、**「同じ病気を抱えている者同士で、今現在の自分の心境を告白し合う」**というものです。

この方法の目的は、「不安に思っているのは自分だけじゃない」ということに気づくことにあります。

「自分と同じ病気にかかり、自分と同じように不安感に苦しんでいる人間は、この世の中にはたくさんいる」ということに気づくことによって、心が軽くなり、「がんばって病気と闘っていこう」という勇気がわいてくるのです。

「自分だけじゃない」ということに気づくことで、**自分自身のことばかりに気を取られてふさぎ込んでいた気持ちが、外へ向かって解放される**のです。

次のような話を聞いたことがあります。

大腸がんの手術のために病院に入院した男性がいました。彼は当初、精神的にかなり弱気になっていました。しかし、病院の休憩所で、自分と同じ大腸がんで入院している人と知り合いになりました。

毎日、彼はその人と病気への不安感を告白し合ったり、励まし合ったりしました。そうすることで気持ちがとても楽になり、病気と闘う勇気もわいてきたと言います。

自分と同じような立場に立たされ、自分と同じように辛い思いをしている人たちと話し合うことで、「自分だけじゃない」と気づき、心が楽になり、がんばっていく勇気がもらえるのです。

「昔はよかった」が口グセになっている人は、いつまでも逆境から抜け出せない

◆昔の話ではなく、これからのことを話題にする

昔のことを懐《なつ》かしんでばかりいる人がいます。

「昔はよかった。すべてがうまくいっていた」

「昔が懐かしい。みんな私にやさしくしてくれた」

「過去に戻れたら、さぞ幸福だろうと思われてしょうがない」

といった具合です。

このように「昔はよかった」ということしか口にしない人は、残念ながら「逆境に強い人」とは言えません。

このタイプの人は、裏を返せば、**「明るい未来に向かって、これからもっと幸せな人生を築いていこう」という意欲**が足りないのです。つまり、十分な自信がないのです。

その結果、過去のことばかり懐かしむ傾向が強くなるのです。

心理学に次のような調査があります。

何かの問題に見舞われ財産を失い、生活保護者になった人たちに関する調査です。生活保護者の中には、「昔はよかった。経済的に豊かであり、家族みんなと幸せに暮らしていた。過去に戻りたい」と、昔のことばかり懐かしんでいる人たちがいました。

そういうタイプの人たちは、一年経っても二年経っても、なかなか生活保護から抜け出すことができない人が多かったのです。

一方で、「今の生活保護の暮らしから抜け出したい」と真剣に考えているタイプの人たちは、昔のことばかり懐かしんでいるという傾向はあまり見られませんでした。

また、このタイプの人たちは、比較的早く自立した社会生活に復帰できる人が多かったのです。

会社の中で、昔のことばかり懐かしんでいる社員もいます。「昔はよかった」という言葉が口ぐせになっている経営者もいます。自分の昔話しかしない人もいます。そのようなタイプの人は、やはり、逆境に弱いタイプと言えます。

「逆境に強い人」は、過去よりも未来に価値を置く人なのです。

「失敗する後悔」よりも、「失敗を怖れて何もしない後悔」のほうが大きい

◆失敗を怖れず、逆境を抜け出る行動に出る

うまくいかない状況から脱するには、何か具体的なことをしなければいけません。逆境を打開する行動を起こさなければならないのです。

しかし、その打開策が成功するかどうかはわかりません。逆境を乗り切ろうとして打って出た行動が失敗し、さらなる逆境を招くという事態もあり得るのです。

逆境に陥《おちい》っている時は、ものの考え方がつい弱気になってしまうものです。また、いつもより慎重にものを考える傾向があります。

ですから、できるだけ早くこの状況から抜け出したいと思いながらも、打開策で失敗することを怖れ、何もしないで手をこまねいている人もいるかもしれません。

そんな人に参考にしてほしい心理学の調査があります。

ある異性に片思いをしている男女についての調査です。

好きな人に、「愛しています。交際してほしい」と告白することは勇気がいることです。告白が失敗に終わり、相手から断られてしまう可能性もあるからです。

相手から断られれば、「告白なんてしなければよかった」と後悔することになります。

しかし、断られるのが怖くて告白しないでいたとしても、やはり「あの時、告白しておけばよかった」と後悔することになるのです。

この心理学の調査は、「告白して断られた時の後悔」と「告白しないで終わった時の後悔」とでは、どちらのほうが後悔の度合いが大きいかを調べたのです。

その結果、「告白しないで終わった時の後悔」のほうがずっと大きく、また後々まで長引く傾向が強いことがわかりました。

「告白して断られた時」も、その人は後悔することは後悔するのですが、すぐに気持ちを切り替えて、次の人生へと一歩を踏み出せる人が多かったのです。

「逆境を乗り切るための行動」も同じです。「失敗を怖れて何もしない後悔」のほうがずっと大きいのです。

むしろ**果《か》敢《かん》に行動するほうが、もし失敗したとしても後悔が少ないのです。**また気持ちを切り替えて、次の行動へと移っていけるのです。

悲しい時には、悲しい音楽を聞くと、心が楽になる

◆悲しい気持ちは「芸術的な悲しみ」が癒してくれる

「悲しい経験をして落ち込んでいる時、悲しい音楽を聞いたり、悲しい映画を見てたくさん涙を流したら、心がフッと楽になった」という経験を持つ人も多くいると思います。

心の中では、**「悲しみが、悲しみを癒《いや》す」**という不思議な現象が起こることがあるのです。

恋人から一方的に別れを告げられた時、信頼していた友人から裏切られてしまった時、誰も自分のことを理解してくれていないと感じた時、その当事者は強い悲しみの感情にとらわれます。悲しみの感情から、自分の人生を悲観的に考えるようにもなります。

生きる意欲を失って、ぼんやりした状態で日々を過ごすようになります。

そのような時には「悲しい音楽」「悲しい映画」「悲しい小説」などが、その人の心を癒してくれるのです。

人によっては、「悲しい時に悲しい音楽など聞いたら、ますます悲しい気持ちに沈んでいくことになるのではないか」と思うかもしれません。

しかし、実際には、そんなことはないのです。

「悲しい音楽」「悲しい映画」「悲しい小説」に深く共感することによって、自分自身の心が救われていく感じがしてくるのです。

音楽や映画や小説の中では「悲しみ」という感情が美しく、情感豊かに、またドラマチックに描かれています。そのような「芸術的な悲しみ」に共感することで、自分自身に溜まっていた悲しみも美化されるのです。

そして、**「悲しみという感情は、けっして悪いものではない。それはとても人間らしい、豊かな感情なのだ」と、肯定的に受け入れられるようになる**のです。

それがきっかけとなって、それまで心の中に溜まっていたモヤモヤした感情から解き放たれるのです。心が楽になって、これからの人生を前向きに生きていこうという意欲もわいてくるのです。

「感謝する」ことは、ネガティブな感情を和らげてくれる

◆落ち込んでいる時こそ、天に感謝する

心理学の一つの分野に**「ポジティブ心理学」**と呼ばれるジャンルがあります。ポジティブ心理学とは、人間がより幸福な人生を送るためには何をするべきかを研究する学問です。また、個人の幸福を周りの人たちや社会全体の幸福につなげるにはどうすればいいかを考える前向きな心理学です。

このポジティブ心理学は、**「感謝する」**ということをとても重要視しています。「感謝する」という行為が、人の幸福感を高めるために役立つからです。

一つの理由には、何かうれしい出来事があった時、「みなさんのおかげです。ありがとうございます」と感謝することで、その「うれしい」という感情が二倍にも三倍にも大きくふくらんでいくということです。

そして、もう一つ、ここで注目したいことは「感謝する」ということが、「辛い」「苦

しい」「悩ましい」という感情を和らげる効果が大きい、ということです。

たとえば何か失敗したとします。そのために周りの人たちに迷惑をかけ、みんなから文句を言われたり叱られたりして、ひどく落ち込んでしまったとします。

そんな時に、天に感謝するのです。

参考になる言葉があります。

イギリスの銀行家、政治家、そして科学者でもあったジョン・ラボック（19～20世紀）は、**「多くの失敗など気に病むことはない。むしろ天から受ける忠告だと思って感謝するべきだ」**という言葉を残しています。

つまり、失敗して落ち込んでいる時に、

「いい勉強をさせてもらいました」と、天に向かって感謝するのです。

「思い上がっていた自分を反省する、いいきっかけを与えてもらいました」と、天に向かって「ありがとうございます」と感謝するのです。

そのように感謝することで、ネガティブな感情が和らぎ、気持ちが前向きになっていくのです。

逆境の中にあっても、「感謝する気持ち」を忘れない

◆人の文句を言うのではなく、人に感謝する

次のようなポジティブ心理学の話があります。

地震や大雨、あるいは火山の爆発といった自然災害を受けて、学校の体育館などに非難する人たちがいます。すぐに自宅には帰れずに、避難所に何日間か寝泊まりすることになる場合もあります。

そういう場合、避難所には水や食料など多くの支援物資が届けられます。

そんな支援物資が配られる際に、「ありがとうございます」と感謝しながら水や食料を受け取っている人たちがいます。

一方で、そんな感謝の言葉をまったく言わない人たちもいます。

この、**自然災害にあって辛く苦しい思いをしながらも、援助に対して「ありがとう」という感謝の言葉を忘れない人は、そのような感謝の言葉をまったく口にしない**

人よりも、より精神的な立ち直りが早く、また将来に対して前向きな気持ちが強かった、というのです。

この話は、逆境にあっても、いかに「感謝する気持ち」を持ち続けることが大切かを物語っています。

辛く苦しい思いをしている時、人はつい「感謝する」ということを忘れてしまいます。

感謝するどころが、「あの人のせいで、今私はこんな目にあっている」と、誰かの悪口ばかりが口から出てくる人もいます。

周りの人たちから、「お困りでしょう。お助けしますよ」と援助の申し出を受けても、「余計なお世話だ」と突っぱねてしまう人もいます。

このようなタイプの人は、「感謝する人」に比べて、精神的な立ち直りが遅いのです。逆境に対して弱いのです。

逆境にあっても、いや**逆境にあった時こそ「感謝する」ということを強く意識することが大事です。**それが自分自身を精神的に救う方法でもあるからです。

自分の欠点に感謝できる人が、逆境に強い人になれる

◆欠点を隠すのではなく、欠点に感謝する

アメリカの思想家、R・W・エマーソンは、**「人は自分の欠点に感謝しなければならない」**という言葉を残しています。

「不器用に生まれてきてよかった。なんてありがたいことだろう」

「口ベタなのが自分の欠点だが、口ベタであることに『ありがとう』と言おう」

といったように「自分の欠点に感謝する」のがいいと述べているのです。

なぜ「自分の欠点に感謝する」のかと言えば、そうすることで自分自身に謙虚になることができるからです。

また、自分の力量はどの程度のものなのか、正確に理解できるようになります。

思い上がって、とんでもない失敗をしないように、物事を慎重に進めていくようになります。

　自分に欠点があることを認めれば、たとえば「不器用な自分が、物事をうまく成功に導くにはどうすればいいか」「口べタな自分は、どうやって人を説得していけばいいか」といったことをまじめに考えられるようになります。

　また、他人のアドバイスや忠告に素直に耳を傾けられるようになります。

　そして、不必要に自己嫌悪の感情に振り回されなくて済むのです。

　以上のようなことは、特に逆境にある時の大切な心がけになります。

苦しい状況に陥《おちい》れば陥っていくほど、「自分の欠点を認められない人」は、自分の欠点を隠そうとして、無理なことをしてしまいがちです。

　不器用な人なのにもかかわらず、器用な人の真似をして、トントン拍子に素早く物事を解決しようと慌《あわ》てます。口べタなのに、口が上手な人の真似をして、ベラベラしゃべりまくって人を説得しようとしたりします。

　そのようなことは、かえって状況を悪化させるだけなのです。そして、うまくいかないと、いっそう自己嫌悪の感情が大きくなります。

　ですから「欠点に感謝する」ことが大事になってくるのです。

「人に感謝した経験」をいつまでも覚えておく

◆辛い状況になった時に「人に感謝した経験」を思い出す

フランスに、耳が聞こえず、口がきけないというハンディキャップを背負いながらも、学校の教師を務めた人物に、J・B・マッシュウ（19世紀）がいます。

このマッシュウが、次のような言葉を残しています。

「感謝した経験を心に書きとめ、いつまでも記憶しておく」というものです。

なぜ「感謝した経験」を記憶しておくことがいいのでしょうか？

それは、もしこの先、逆境に陥《おちい》って苦しい思いをするようなことがあった時に、**「感謝した経験」が心の励みとなり支えとなってくれる**からなのです。

ある女性は、「母親への感謝を今でも忘れないでいる」と言います。

彼女はシングルマザーに育てられました。

家計的には苦しい状況にありましたが、彼女は母親がパートをかけ持ちし、苦労してお金を稼いでくれたおかげで、大学まで進学することができました。

そして、ある一流企業に就職することもできました。

彼女は、そのことをずっと感謝し続けているのです。

そして今、仕事で厳しい状況に立たされて苦しい思いをするような時は、母親から受けた恩に感謝してきたことを思い出すと言います。

すると心が励まされ、**「こんなことで、へこたれてたまるものか」と、気持ちが前向きになっていく**と言うのです。

「親への感謝」

「恩師への感謝」

「友人への感謝」

などなど、人はいろいろな人に感謝しながら育っていきます。

その「感謝した経験」の一つ一つを心に留めて記憶している人は、それだけ「逆境に強い」人なのです。

自分にうぬぼれている人は、逆境で破滅してしまうことが多い

◆うぬぼれることなく、謙虚に生きる

ある男性は「感謝日記」をつけています。

その日、感謝したことを改めて思い出し、日記につけているのです。

「今日は仕事がスムーズに運んだ。残業しないで済んだ。同僚の○○さんのおかげだ。○○さん、ありがとう」

「友人が今日、とてもいい情報を持ってきてくれた。おかげで大いに助かった。友人に、ありがとう」

といった具合です。

そんな「感謝日記」をつけていて、その男性は、わかったことがあると言います、

それは、**「自分がいかに多くの人に支えられて生きているかがわかった」**ということです。そして、「感謝日記」をつけ始める以前に比べて、自分の力量にうぬぼれる

ことなく、謙虚な気持ちで生きていけるようになったと言います。

「自分の力量にうぬぼれない」

「自分自身に謙虚になる」

ということは、逆境に負けず、たくましく生きていく上で非常に大切なことです。

自分の力量にうぬぼれている高慢な人というのは、逆境に陥《おちい》った時、自分の力だけで問題を解決しようとして、かえって問題を悪化させてしまうことも多いのです。

フランスの思想家、ヴォルテールは、

「うぬぼれと高慢は、風でふくらんだ気球のようなものだ。何かで刺して穴を開ければ、そこから風が吹き出して一気に落下する」という言葉を残しています。

この言葉にある「何かで刺して穴を開ける」とは、「何かの逆境に見舞われる」ということです。

ヴォルテールは、「自分にうぬぼれている高慢な人は、逆境にあうと、あっけなく破滅してしまうことが多い。だから人間は自分にうぬぼれることなく、謙虚に生きていくことが大切だ」と言っているのです。

第2章
正しい姿で生きていく

ほどほどの期待は意欲を高め、過剰な期待は気持ちを落ち込ませる

◆ほどほどの期待感でやる気を導く

期待感というものは、働くことの意欲につながります。

「がんばれば、ボーナスが上がる。出世もできる」という期待感があれば、それがやる気を導き出してくれるのです。

また、多少辛い仕事であっても、がまんしてやり続ける根気を作り出してくれます。

ただし**「過剰な期待」を抱きすぎると、かえって危険な面もあります。**

結果が「期待はずれ」に終わった時、精神的にガクンと落ちこんでしまって立ち直れなくなることがあるのです。

次のような話を聞いたことがあります。

ある女性はドラマのシナリオライターになるのが夢でした。その夢を叶えるためにシナリオライターの養成学校に通っていました。その学校の講師から、「あなたはい

いシナリオを書く。きっとプロのシナリオライターとして成功できる」と、ほめられていました。彼女自身も自分の将来に大きな期待を抱いていたのです。

しかし、テレビ局などが募集する新人賞などに、何度も何度も自分の書いたシナリオを送ったのですが、まったく採用してもらえません。三年間はがんばり続けたのですが、その間に採用されたシナリオは、結局一つもありませんでした。

結果的には、すべては「期待はずれ」に終わってしまったのです。

その結果、彼女はすっかり落ち込んでしまい、心身の健康を崩し、「シナリオライターになる」という夢をあきらめざるを得なくなりました。

「過剰な期待」を持つと、時として、このようなことが起こるのです。

鎌倉時代後期の文筆家、吉田兼好《よしだけんこう》（13～14世紀）は、

「何事においても過剰な期待を持つべきではない。愚かな人は、過剰な期待を持つために、期待はずれに終わった時、人を恨んだり、怒ったり、落ち込んだりする（意訳）**」**

という言葉を残しています。

過剰に期待するのではなく、ほどほどに期待することも、逆境に強くなるコツの一つです。

ヘタに自分と他人とを見比べるから気持ちがますます落ち込んでいく

◆自分がやるべきことに集中する

落ち込んでいる時に、無暗《むやみ》に「自分と人とを見比べる」ことはしないほうが賢明です。自分の置かれた境遇がますますミジメに思えてきて、いっそう気持ちが落ち込んでいってしまう危険性があるのです。

アメリカの心理学の調査で、ビジネスマンに「あなたの給料は、他の人と比べてどう思いますか」というアンケートが行われました。

その結果、大多数の人が、「自分は他人に比べて給料が低いと思う」と答えました。興味深いことに、給料の平均額よりもたくさんもらっている人も、「自分は給料が低い」と答えたのです。

このことは、**「自分と他人とを比べる時、人は自分よりも恵まれた人間ばかりを意識する傾向がある。そして、恵まれた人に比べて、自分は不幸な立場にいると考える**

傾向がある」ということを示しています。

「落ち込んでいる人」にも、共通して、そのような心理傾向が見られるのです。

落ち込んでいる時、自分よりももっと幸せのレベルの低い人に意識が向けば、ある意味、「自分はあの人に比べれば、まだ幸せなほうだ」と心が楽になります。

しかし、人間の心理は、なかなかそういかないのです。

つい自分よりも恵まれている人のほうへ向かってしまうのです。そして、

「あの人はあんなに幸福そうにしているのに、どうして私だけこんな苦しい思いをしなければならないんだ」

「みんな上手く世渡りをしているというのに、不器用な私はつまずいてばかりいる」

と、考えてしまう傾向が強いのです。

その結果、気持ちがますます落ち込んでいきます。

このような事態を避けるためには、ヘタに自分と他人を見比べないことが大切です。

人と比べず、ただひたすら今自分がやるべきことに集中していくほうがいいのです。

そのほうが事態は早く、いい方向へと向かっていきます。

時間をかけて迷えば迷うほど、後々後悔することが多くなる

◆あいまいな返事で決断を先延ばしにしない

人生では、いろいろな場面で「選択」を迫られる時があります。

たとえば、「男性からプロポーズを受けた時」です。また、友人から、「今の会社を辞めて、一緒に商売を始めないか」と誘われることもあると思います。このような場合では、答えは「お受けします」か「お断りします」の二通りしかありません。

にもかかわらず、「今は何とも答えようがない」「どうしたらいいかわからない。考えさせてほしい」といった答え方で、判断を先延ばしにするタイプの人がいます。

もちろん人生の重要な問題を判断する場合には、間違えないようによく考える必要があります。しかし、「今は答えようがない」「わからない」といったあいまいな答え方で、長い時間をかけて考えたからといって「正しい判断」ができるとは限りません。

心理学には、決断を迫られた際に「今は答えようがない」「わからない」といった

あいまいな態度で判断を先延ばしにする傾向が強い人は、その後、自分が決めた進路で何か困難が生じた時、「どうしてあの時、あんな決断をしてしまったのか」と強く後悔することが多く、落ち込んだ気持ちから立ち直るのも遅い傾向がある、という報告があります。

たとえば、友人から商売への参加を誘われた場合です。散々迷った末、友人の誘いに乗って脱サラして商売を始めたとします。そこで商売がうまくいかなくなると、「誘いに乗らなければよかった。会社を辞めなければよかった」と後悔し始めます。そして後悔するばかりで、そこから先へ進んでいけなくなります。

では、散々迷った末、誘いを断り会社に残った場合はどうなのでしょう。その場合は、会社の仕事で行き詰まってしまうと、今度は「誘いに乗ればよかった。脱サラして商売を始めればよかった」と、後悔するばかりで、そこから先へ進めなくなるのです。

人生で選択を迫られた時、よく考えるのは大切ですが、あいまいな返事で決断を長々と遅らせるのは得策ではありません。どちらを選択しても、後々困難に直面した時、後悔の感情に引きずられていってしまうことが多いのです。

よく考えた末、時を置かずに決断し行動するほうが、うまくいくことが多いのです。

自分なりの「理想」を持つことで、心が強くなっていく

◆「自分なりの理想とは何か」を考えてみる

「理想を持ち続ける」ということも、逆境に陥《おちい》った時の大きな心の支えになります。

また、逆境を乗り切っていく勇気と意欲を与えてくれます。

明治時代の政治家に板垣退助《いたがきたいすけ》（19～20世紀）という人物がいます。

板垣退助は土佐藩（現在の高知県）の藩士として、徳川幕府を倒すための戊辰《ぼしん》戦争に参戦し、維新後は明治政府の一員になります。

しかし、政治的な対立のために明治政府を追い出されます。

その後、板垣退助は生まれ故郷の高地へ帰り、自由民権運動を始めます。

自由民権運動とは、「自由で民主的な国を作っていこう」という政治運動で、それが板垣退助の理想でもあったのです。

しかし、この板垣退助の政治運動をジャマしたり迫害する者も多く、ついに板垣退

助は暴漢に襲われます。

刃物で傷つけられた板垣退助は、血を流しながら、**「板垣は死んでも、自由は死なない**（意訳）**」**という有名な言葉を残します。

政治的にどんなに苦しい状況に追い込まれても、「自由民権」という理想があったからこそ、板垣退助は逆境をはねのけていけたのです。

たとえ暴漢に傷つけられても、「自由民権」という理想があったからこそ、板垣退助は気持ちをしっかり持ちこたえていられたのです。

幸いに板垣退助は、その際の傷で命を落とすことはありませんでした。

そして、後に明治政府に復帰します。

理想を持つことで、心が強くなるのです。その意味で、理想を持って生きることは、人の生き方として大切です。

ただし、理想とは言っても、人それぞれです。「幸せな家庭を作る」「人生を大いに楽しむ」という私的な理想を持つ人もいるでしょう。

自分なりの理想を持てば、逆境に強くなっていきます。

自分なりの「この道」を見つけ出した人は、逆境に強い

◆「自分ならではの生き方」を見つける努力を続ける

自分の個性を生かすものを持っている人は、逆境に強いと言えます。

自分ならではの生き方がある人は、どんな逆境にも負けることはありません。

大正、昭和時代に小説家として活躍した人物に武者小路実篤《むしゃこうじさねあつ》（19～20世紀）がいます。

この実篤が、次のような言葉を残しています。

「この道より我を生かす道なし。この道を行く」というものです。

「この道」とは、実篤にとって、「小説を書く」ということでした。

「小説を書くということでしか、自分自身を生かす方法はない。私は小説を書いて生きていく」と、実篤は述べているのです。

さらに実篤は、この言葉で、次のように述べたかったのではないでしょうか。

「たとえばこの先、金銭的に困った状況になるかもしれない。

何かのトラブルに見舞われて困った事態に追い込まれるかもしれない。

誰からも理解されずに孤立することもあるかもしれない。

しかし、自分は『小説を書くことが自分の生き方だ』と信じて、自分を見失うことなく小説を書き続けるつもりだ」と。

実際に実篤は死ぬまで「小説を書く」ということを貫き通しました。


「自分の個性を生かすもの」「自分ならではの生き方」というものは、そう簡単に見つけられるものではありません。

いろいろなことにチャレンジし、失敗したり、くじけたりしながら見つけ出していくものです。

しかし、いったん「この道」が見つかれば、たとえ逆境にあっても心を揺さぶられることはありません。


自分なりに「この道」を見つける努力をする人には、逆境はありません。

正義感を持って生きている人は、逆境に強い

◆正義を貫き通して生きていく

「正義感を持って生きる」ということが、逆境に陥《おちい》った時の、くじけそうになった心の支えになります。

平安時代の学者であり、政治家であった人物に菅原道真《すがわらのみちざね》（9〜10世紀）がいます。

道真は当時の天皇から重んじられ、とんとん拍子で出世していきます。

しかし、朝廷での出世争いのライバルであった藤原時平《ふじわらのときひら》の計略に引っかかり、無実の罪を着せられて九州の大宰府《だざいふ》へ左遷《させん》されてしまいます。

道真とすれば非常に悔しい思いだったに違いありません。

その道真は、**「いまだかつて邪悪な人間が、正義の人間に勝ったことはない」**という言葉を残しています。

道真は「正義の人」でした。人をだましたり、おとしめることなどなく、いつも正

しい生き方を貫いてきた人でした。

ずるいことをして出世したのではなく、自分の才覚を頼りに正々堂々と、朝廷で政治をしてきた人だったのです。

そして、道真自身、自分が「正義の人」だということに強い誇りを持ってきました。この「正義の人」だという誇りが、無実の罪を着せられて大宰府へ左遷されるという逆境にあった時、道真の心の支えになっていたのです。

道真は、左遷された大宰府で、「今自分は朝廷から追い出され大宰府へ左遷されたが、いずれ勝利は自分のもとにもたらされるだろう。なぜなら邪悪な人間が正義の人間に勝った例はない。最後に勝つのは『正義の人』である自分だ」と自分自身に言い聞かせて、くじけそうになる心をふるい立たせていたのです。

現代の企業社会の中でも、出世競争のライバルに無実の罪を着せられて、左遷させられる人もいるかもしれません。

しかし、**「正義は自分にある」という信念があれば、逆境を乗り越える勇気を得られるのです。**

「これが正しい生き方だ」と信じたものを、最後まで貫く

◆うまくいかないからといって、安易に方向転換しない

明治維新の功労者であり、明治政府の一員でもあった薩摩の西郷隆盛《さいごうたかもり》が、次のような言葉を残しています。

「正しい生き方をしていく者は、必ず逆境に立たされる時がある。その逆境を乗り越えていくためには、やはり、正しい生き方を貫き通すしかない（意訳）」というものです。

幕末、西郷隆盛は「これが正しい生き方だ」と信じて、徳川幕府を打ち倒し国を一新することを目指しました。しかし、幕末の動乱の中で、逆境に立たされる場面もたくさんあったのです。

また、維新後の明治政府の中でも西郷隆盛は、自分が信じる「正しい生き方」を貫き通しましたが、政権内での権力闘争に巻き込まれて、逆境に立たされることも多く

ありました。

そんな数々の逆境を、西郷隆盛がどうやって乗り越えていったかと言えば、やはり自分の信じる「正しい生き方を貫く」ことだったのです。

「これが正しい生き方だ」という信念を持ち、それを実践してきた人であっても、逆境に立たされると、つい人は弱気になってしまうものです。

「本当に自分は正しい生き方をしてきたのだろうか。もしかしたら自分の考え方は間違っていたのではないか」という疑問を感じ、自分の生き方に自信を失ってしまう人もいます。

「正しい生き方をして、こんな悲惨な目にあうのでは元も子もない。ここは正しい生き方など捨てて、これからは自分に得になる生き方をしていくほうがいい」と、百八十度生き方を方向転換してしまう人もいます。

しかし、そこで**自信を失ったり、安易に方向転換することをしたら、ますます自分を窮地へ追いやってしまうことになることが多いのです。**

ですから、時と場合によっては、これが正しい生き方だと信じるのであれば、どんな状況になろうとも、最後までその生き方を貫くほうがいいのです。

積み重ねてきた努力が、自分への自信を作り出す

◆それが自信になるまで、努力を続ける

人生がうまくいく時があれば、何をやってもうまくいかないという時もあります。
うまくいっている時は、もちろん思い悩むことがありません。
しかし、うまくいかなくなると、人はあれこれ思い悩むことが多くなります。
その時、心の支えとなるものは何でしょうか？
その一つは「自分への自信」です。
では、「自信」というものを、どうやって身につければいいのでしょうか？
プロ野球の世界で活躍した川上哲治《かわかみてつはる》は、次のような言葉を残しています。
「練習、努力、また練習、それが自信を生む」というものです。
川上哲治は現役時代、「野球の神様」と呼ばれるくらいの名選手でした。
しかし、そんな彼でも、打撃不振に陥《おちい》る時があったのです。

ヒットやホームランを打てなくなれば、ファンからの視線も冷たいものになります。

「また凡打《ぼんだ》か。何をやってるんだ」と、ヤジを飛ばしてくるファンもいました。

新聞もいろいろと書き立てます。

もちろん川上哲治自身も悩みました。

そんな逆境の時に、彼の心の支えになったのは、

「私は人の何倍も練習、努力を積み重ねてきたんだ。**そんな自分は、このまま終わるわけがない。**またヒットやホームランをどんどん打てるようになる」という自信だったのです。

「逆境に強い人」というのは、自分への強い自信を持っています。

そして、その自信は、その人自身が長い時間をかけて積み重ねてきた努力によって作られたものなのです。

何の努力もせず生きてきた人は、自分への自信など持てないと思います。

根も葉もない悪口を言ってくる人間など、無視して相手にしない

◆自分自身が、自分の志を見失ってはいけない

「世の中のためになることをしたい」

「自分の幸せよりも、みんなの幸せを願う人間になりたい」

そんな高尚な志を持っていたとしても、自分の思いを世間の人たちがそのまま評価してくれるとは限りません。

人によっては、「立派なことを言って、自分の名声を高めたいだけだ」「みんなのためと言いながら、自分の利益しか考えていない」などと悪口を言います。

そんな悪口が自分の耳に入ってくれば、「どうしてわかってくれないのだろう」と悲しい気持ちにもなりますし、場合によっては当初の高尚な志を貫徹する意欲も失うことにもなりかねません。

そんな時、折れそうになる心を支えるためのヒントになる考え方を、幕末維新の活

動家、坂本龍馬《さかもとりょうま》（19世紀）が述べています。

「私のやっていることに何か言いたい人間は、何とでも言えばいい。私がすることは、私自身だけが知っている（意訳）**」**というものです。

龍馬は、「日本から無益な争いをなくし、みんなが幸せに暮らしていける豊かな国に作り変えていきたい」という高尚な志を持っていました。

しかし、そんな龍馬の志を理解する人は、必ずしも多くはなかったのです。

むしろ、龍馬の生き方に対して、まったく根拠のない悪口を浴びせる人間も多くいました。

しかし、龍馬は、「いちいち悪口を言う人間のことなど気にする必要はない。大切なことは自分自身が、自分の志を見失わないことだ」と言ったのです。

つまり、根も葉もない批判で人の心を惑わそうとする人間など、「無視する」ということです。

自分に悪影響を及ぼす人間を無視することができるということも、「逆境に強い人」になるための一つの心得なのです。

「恥ずかしくない生き方」をしていれば、逆境でも心安らかでいられる

◆日頃から「正直で誠実な生き方」を心がける

幕末の思想家に吉田松陰《よしだしょういん》という人物がいます。

長州藩、現在の山口県で松下村塾《しょうかそんじゅく》という私塾を開き、人材育成に取り組んだ人物です。

松下村塾で松陰は、討幕の原動力となった高杉晋作《たかすぎしんさく》や、後の明治政府の要人となった伊藤博文や山縣有朋《やまがたありとも》など、数多くの偉大な人物を育成しました。

しかし、松陰は志《こころざし》半《なか》ばで捕えられ、牢屋に入れられてしまいます。

罪状は、徳川幕府を倒さなければならないという主張を叫んだことでした。

その時はまだ討幕の機運は熟していない時期だったのです。

幕府の安政の大獄《たいごく》と呼ばれる政策によって、反幕府思想家が次々と捕えられ牢屋に入れられていた時期でした。

この松陰が、牢屋の中で残した言葉があります。

「私は今、牢屋の中に入れられているが、『天に対して恥ずかしい生き方』をしてこなかった。だから怖れたり、不安に思うことは何一つない（意訳）**」**というものです。

つまり、「天に対して恥ずかしくない生き方」をするということが、時に逆境に見舞われることがあっても、そんな時の心の支えになると言っているのです。

では、「天に対して恥ずかしくない生き方」とは具体的にどういうことなのでしょうか。

松陰が考えていたことは次のようなものだったと思われます。

・自分の欲得のためだけに生きない。
・正直に、そして誠実に生きる。
・誰に対しても平等に接する。
・世の中に貢献する気持ちを忘れない。

日頃からこのようなことを心がけて生きていれば、どんな逆境でも心安らかにいられると思います。

「自分のことは自分でやる習慣」がある人は、逆境に強い

◆自分でできることを他人任せにしない

男女を問わず、元気に長生きするお年寄りの共通点に、「自分のことは自分でやる」ということが挙げられます。

自分の部屋の掃除、自分が着ているものの選択、あるいは自分が食べるものの料理、自分が必要としているものの買い物など、日常生活の中で「自分のことは自分でやる」という習慣が身についているのです。

一方で、**自分でやればできることであっても、他人任せにしてしまう人は、衰えが早いという傾向があるのです。**

また、他人に任せるお年寄りは、アクシデントに弱いという特徴もあります。

転んで足を痛めたり、重いものを持ち上げようとして腰を悪くしたりすると、そのことがきっかけとなって寝たきりになり、一気に体力が衰えていくというケースが多

いといいます。ふたたび元気に活動できるようになるためのリハビリにも、あまり熱心に取り組みません。

それに比べて、「自分のことは自分でやる」という習慣が身についているお年寄りは、足を痛めたり腰を悪くするといったアクシデントに見舞われても、熱心にリハビリに取り組みます。

ですから、また元気に活動できるようになるケースが多いのです。

このタイプのお年寄りは、「自分のことは自分でやる」という習慣から自然に「**自分は、やればできるんだ。困難に見舞われても、それを乗り越える力を持っている**」という自信が身についているのです。

このことは、「逆境に強い人になる」という意味でも参考になる部分があると思います。

若い人であっても、普段から「自分のことは自分でやる」という習慣がある人は、「やればできる。困難を乗り越えられる」という自信を持っているのです。

ですから逆境に見舞われるようなことがあっても、そこでうろたえることはありません。強い自信を持って、逆境に立ち向かっていけるのです。

第3章
無理をせずに立ち直っていく

無理をして明るく振る舞うと、かえって落ち込みがひどくなる

◆無理をせず、自然に元気が戻ってくるのを待つ

心理学に**「リバウンド現象」**というものがあります。

たとえば、次のような事例で考えてみます。

ある女性が恋人と別れることになりました。彼女は精神的にひどく落ち込んでしまいました。しかし、「落ち込んだままではいけない。前向きに生きていこう」と考えて、周囲の人たちの前では日頃、無理をして明るく振る舞っていました。

本当は辛い気持ちを振り払うことができずにいたのですが、人前では「あんな彼氏のことなんて、もう気にしていない。別れたことなんて、何とも思っていない」と強がりを言って、元気一杯の姿を見せていたのです。

しかし、無理をしていた反動がきて、以前よりも気持ちが落ち込んでしまい、人前に出ることもできなくなってしまったのです。家に引きこもり外出もできなくなりま

した。

これが心理学でいう「リバウンド現象」です。

「リバウンド」という言葉は、よくダイエットで用いられます。

一気にやせようと思い、無理をして食べないようにしますが、ある時点で空腹感に堪えられなくなりドカ食いをしてしまいます。

その結果、当初の体重よりもさらに太ってしまう、という現象です。

人間の心理でも同じようなことが起こるのです。

落ち込んでいる時、辛い時、悲しい時に、無理をして明るく振る舞おうとしても、どこかで限界がきてしまいます。そして限界がきた時、心理的な意味での「リバウンド現象」が起こって、当初よりもさらに気持ちが落ち込んでいってしまうのです。

この「リバウンド現象」を避けるには、無理に明るく振る舞うのではなく、「成り行きに任せる」ことを心がけるほうが賢明です。

悲しい時にはその悲しい気持ちにどっぷりとひたり、辛い時には辛い気持ちのままでいて、時間の経過と共に元気が少しずつ回復してくるのを待つのです。

そのほうが結果的には、早く立ち直ることができます。

「マインドレス」の状態で判断、行動すれば、間違いをおかしやすい

◆判断・行動する前に、深呼吸して気持ちを落ち着かせる

あせったり、慌てたりしている時、人には「大切なことを思いつかない」ということがよくあります。

そして、そのために大きな失敗をしてしまう場合があります。

たとえば、仕事で突発的なアクシデントが起こった時、「とにかく早く何とかしなければ」とあせって、大慌てで対処策を講じます。しかし、後になって「あの時、あの人に相談すれば、もっと的確なアドバイスをしてもらえただろうに、どうして気づかなかったんだろう？」だとか、「ああいう時は、こういう手段を取るほうが良かったのに、あの時は気持ちが動転してしまって、まったく思いつかなかった」と後悔することが誰にでもあると思います。

心理学では、そのような心理的状況を「**マインドレス**」と呼んでいます。

つまり、「心を失った状態」ということです。大切なことを思い出したり、思いついたりする能力が著《いちじる》しく低下しているのです。

よく「頭が真っ白になってしまった」と言いますが、さまに「マインドレス」に状態に陥《おちい》っていると言っていいと思います。

この「マインドレス」の状態にある時、何かを判断しようとしても、最善の策は思い浮かびません。

また、「マインドレス」の状態にある時に何かの行動に出れば、事態をますます悪化させてしまう危険性も出てきます。

「マインドレス」の反対語は、**「マインドフル」**です。

それは「心が満たされた状態」を意味し、最善の判断、的確な行動ができる心理状態を意味します。

「マインドフル」の状態を作るのは、それほど難しいことではありません。

心の中でゆっくり十から一まで数えて気持ちを落ち着かせたり、深呼吸を繰り返したり、目をつぶって瞑想して心を静めればいいのです。

気持ちが動転した時には、試す価値がある方法だと思います。

自分自身のちっぽけな考えを捨てて、天の命じるところに従う

◆「自分のこと」よりも「みんなのため」を思って行動する

江戸時代後期の学者であり、奉行所の役人でもあった人物に、大塩平八郎《おおしおへいはちろう》(18～19世紀)がいます。

当時は日本全体が逆境にありました。

農村では飢饉《ききん》のために米の収穫量が落ち、農民たちは食べるものも食べられず、飢《う》え死にしていく人たちが急増していたのです。

また、米の価格が上がり、都市部の町民も苦しい生活状況に陥《おちい》っていました。

大塩平八郎は、そんな逆境にある農民や町人を救うために行動を起こしました。

この大塩平八郎が、次のような言葉を残しています。

「心を『太虚《たいきょ》』にすれば、力強い行動力が生まれる(意訳)**」**というものです。

「太虚」という言葉には様々な意味がありますが、次のように理解すればわかりや

すいと思います。

逆境に陥ると、人はつい、自己中心的な考えに心を奪われてしまいがちです。「このままでは、自分の立場が危うくなる」「自分の評判が悪くなってしまうのではないか」といったことです。

「太虚」という言葉には、「そんなちっぽけな、つまらない思いなど捨ててしまって、もっと心を大きく持つことが大切だ」という意味があります。

そして、**「自分の立場や利益といったものにこだわるのではなく、『天が今、自分に何をしろと命じているのか』を考えることが大事だ」**という意味が、この「太虚」という言葉にはあるのです。

心をそのような「太虚」の状態にする時、逆境を打ち砕いていく強い力を得ることができると、大塩平八郎は述べているのです。

まさに大塩平八郎は、自分の立場や利益など打ち捨て、天の命令に従って、苦しい生活にある人々のために行動を起こしたのです。

この「太虚」という考え方も「逆境に強い人」になるために参考になります。

「逆境に強い人」になるための六つの心得とは？

◆問題が生じても平然としていられる肝っ玉の大きさを持つ

幕末、江戸幕府の役人として活躍し、維新後の明治政府でも大きな役割を果たした人物に、勝海舟《かつかいしゅう》（19世紀）がいます。

京都の鳥羽伏見《とばふしみ》の戦いで幕府軍を打ち破った西郷隆盛が率いる軍勢は、あっと言う間に江戸にまで迫ってきました。江戸は絶体絶命の窮地に立たされました。

その際、徳川側の代表者として西郷隆盛と交渉し、江戸での全面戦争を回避《かいひ》することに成功したのが、勝海舟です。

この勝海舟が「人生の心得」として書き残しているのが、次の言葉です。

「自分の人生を思う時は、自分の利益ばかりにこだわらない。
人と相対する時は、柔軟でやさしい気持ちを忘れない。

何事もなく平和に過ごしている時は、清らかな心でいる。

困った問題が生じた時には、断固としてやり遂げる気持ちを持つ。

事がうまくいった時には、謙虚でいる。

事がうまくいかない時であっても、動じることなく平然としている（意訳）」


この言葉は、そのまま「逆境に強くなる」ためのコツとして参考になると思います。

自分の利益を守ることばかり考えている人は、逆境に強い人にはなれません。

ふだん、意固地《いこじ》で、他人に対して意地悪ばかりしている人は、イザという時に役に立ちません。

ずるいことを考えている人は、逆境から逃げてばかりいます。

逆境に強い人は、イザという時に、力強い行動力を発揮できる人です。

しかし、うまくいったからといって、けっして威張《いば》りくさったような態度を示さない人です。

そして、大きな問題が生じても、慌《あわ》てることなく、平然としている心の大きさを持つ人なのです。

自分の心の、ネガティブな感情を消し去る「魔法のボタン」があると信じる

◆自分の思い次第で、自分の気持ちを切り替えることができる

日本の小説家に尾崎一雄（19～20世紀）という人物がいます。

彼は大正時代、二十代の時に小説家としてデビューし注目されましたが、生まれながらに体が弱く大人になってからも病気がちでした。

病気のために長い期間にわたって小説を書けなくなることも多かったのです。

そういう意味では、この尾崎一雄は、人生においてしばしば逆境を経験してきた人と言っていいでしょう。

彼が次のような言葉を残しています。

「病気をしながらも、どうにかここまで生きてこられた。それは私が、自分の心の中に、ボタンを一つ押すと、フッと気持ちを変えられるような仕組みのようなものを持っているからだ（意訳）」というのです。

尾崎一雄に限らず、誰でもそうでしょうが、重い病気をすれば気持ちが不安になります。

また、その病気のために仕事を中断せざるをえなくなれば、「まだやりたいことが山のようにあるのに、それを果たせず自分は終わってしまうのではないか」と悲観的な気持ちになってきます。もちろん収入面においても心配になってくるでしょう。

ただし尾崎一雄は、そんな不安、悲観、心配といった感情を消し去る「心のボタン」を持っていたというのです。

その「心のボタン」を押せば、気持ちが不思議と安らかなものになったというのです。

これは科学的な根拠がある話ではありません。

「みずから心の中にそのような、**気持ちを切り替えるボタンがあると思い込む**ことが大切だ」と、尾崎一雄は述べているのです。

そして、「そのボタンを押せばネガティブな感情が消え去ると思い込むようにすれば、そのネガティブな感情に押しつぶされることはない」ということです。

そんな魔法のような「心のボタン」は、自分自身の心の中にもあると思い込めば、誰の心の中にも見つかります。後は自分でそう思い込めばいいのです。

「プラシーボ効果」で、上手に気持ちを切り替えていく

◆「いい思い込みは、自分を窮地から救う」と覚えておく

心理学に**「プラシーボ効果」**という言葉があります。

日本語では**「偽薬効果《ぎやくこうか》」**と言います。

実験で、医者が患者に、

「この薬は、あなたの病気にとても効果があります」と言って、ある薬を飲ませます。

実際には、その薬には、そのような効果はまったくないのです。

しかし、患者は、「効果がある」という医者の言葉を信じ込みます。

その結果、患者の病状が回復したというのです。

「効果のない薬」であっても、患者自身が「効果がある」と思い込むことで、実際に病状が回復したのです。

これが「プラシーボ効果」「偽薬効果」と呼ばれるものです。

つまり人間にとって、「思い込み」が強い影響力を発揮することを示しているのです。

この「プラシーボ効果」は、逆境に陥《おちい》っている人に参考になる話だと思います。

たとえば心の中に「気持ちを切り替えるボタンがある」と思い込みます

そのボタンを押せば、「絶望感や悲観感といったネガティブな感情が消え去って、気持ちが前向きになる」と思い込みます。

素直にそのようなボタンの存在があると思い込むことのできる人は、逆境にある時の辛い気持ちから自分を救い出すことができるに違いありません。

これも広い意味での「プラシーボ効果」です。

「今、自分は逆境にあるが、毎日神社に行っているからだいじょうぶだ。そのうち必ず逆境から抜け出せるだろう」「お守りを持っているから大丈夫」と思い込むのも、広い意味での「プラシーボ効果」です。

このような、いい意味での思い込みを、自分なりにいくつか作っておくことも、逆境に強くなる一つのコツになります。

心を自動操縦に任せるのではなく、手動で操縦していく

◆「悪い思い込み」を「いい思い込み」に思い直す

逆境に陥《おちい》った時、「いい思い込みを持つこと」が、その人が逆境を抜け出すきっかけを作ってくれます。

しかし、思い込みには「いいもの」と「悪いもの」があるということも知っておくほうが賢明です。実際には、人生が上手くいっていない時は、「悪い思い込み」が働きやすくなる傾向のほうが大きいのも事実なのです。

たとえば、朝、ワイシャツを着ている時に、ボタンが一つはずれてしまいます。

これは単に「ボタンがはずれた」というだけのことなのですが、そこから「これは何か悪いことが起こる前兆だ。会社に行ったら、それでなくてもうまくいっていない仕事で、さらなる問題が発生するに違いない。いや、今日、僕はクビを言い渡されることになるに違いない」と、どんどん「悪い思い込み」を思い浮かべてしまう人もい

ます。

何かネガティブな出来事から、このように「悪い思い込み」を次々と思い浮かべてしまうことを、心理学で**「オートパイロット」**と言っています。

「オートパイロット」とは、本来は飛行機の自動操縦のことです。飛行機が自動で飛んでいくように、「悪い思い込み」が自動的に次々と浮かんできてしまうという意味で、そのような現象を心理学で「オートパイロット」と呼んだのです。

心にこの「オートパイロット」が起こった時の対処策は、**自動操縦から手動操縦に切り替える**ことです。つまり、心を自動的な動きに任せておくのではなく、**自分の心を自分の意思によって操縦する**ということです。

心を自動的な動きに任せておくと、「ボタンがはずれた。これは悪いことが起こる前兆だ」と、「悪い思い込み」が次々と生まれてしまいます。ですから**意識的に「ボタンがはずれた。これはいいことが起こる前兆だ」と思い込む**必要があります。

「悪い思い込み」が生じるたびに、それを「いい思い込み」に思い直す訓練を続けていくことによって、自分の心が「オートパイロット」に陥るのを避けられるようになります。

人の気分は、その日その日でコロコロ変わっていくもの

◆「逆境が自分を鍛えてくれる」と考える

人の気分というものは、その日その時の環境の変化によってコロコロと変わっていきます。次のような心理実験がありました。

晴れの日に、「あなたは幸福ですか。あなたは自分の人生に満足していますか」という質問を何人かの人たちにします。また、雨の日にも、同じ質問をします。

すると、晴れの日には、「幸せだ。満足している」と答える人が多かったのですが、雨の日には「幸福ではない。満足していない」と答える人のほうが多かったといいます。

このことは、人の気分というものは、環境にいかに影響を受けやすいかということを物語っています。

すなわち、たとえ同じような水準の生活をしている人であっても、雨が降っているという理由だけで何となく気分が重たくなり、自分の人生を否定的に考えてしまう傾

向が生まれるということです。反対に、晴れているという理由だけで気分が明るくなり、自分の人生を肯定的に、また前向きに考えることができるということです。

ここで大切なことは、「気分」というものは、たとえ環境の変化を受けるにしても、意識の持っていき方によって、ある程度自分でコントロールできるということです。

そのコツは、「雨の日のメリット」に意識を向けることです。たとえば、「最近、乾燥肌で悩んでいたから、雨が降れば肌が潤《うるお》って、ありがたい」と考えることができれば、雨の日であっても、自分の人生を「幸せだ。満足だ」と感じることができるのです。

人生の逆境についても同じです。逆境にある時、**「この辛い経験が自分の心を鍛《きた》えてくれている。この苦しい経験によって、自分は人間的に成長できる」**という意識を持つことができれば、どのような状況の中でも「気分よく生きる」ことができるのです。

気分がよくなれば、さらにがんばろうという意欲がわきます。

また、「ここを乗り切れば、明るい未来が待っている」と希望を持つことができます。

「逆境に強い人」というのは、いつもこのようにして「自分の気分」をコントロールしている人でもあるのです。

時間の経過と共に、どんなに大きな悲しみも癒されていく

◆自分自身に命があるうちは、その命を大切に生き続ける

人生では、両親や恋人、パートナーなど、愛する人との死別ということを経験しなければならない時があります。その時、当事者は強い悲しみをおぼえることになります。場合によっては、「もう一生立ち直れない。死んでしまいたい気持ちだ」と、自分の人生に対して絶望的な気持ちになってしまう人もいます。

絶望的な気持ちになると、つい人は、正常な判断ができなくなります。

「自分には未来はない」と思い、すべてにやる気を失ってしまう人もいます。

「私はもうおしまいだ」と自殺を考えだす人もいます。

古代ローマの哲学者、キケロ（紀元前2～1世紀）は、

「人間のどんな悲しみも、時間の経過が和らげ癒《いや》してくれる」という言葉を残しています。

あまり思い込まずに、普段通りにたんたんと日々の生活をしていけば、「時間の経過」と共に心を占めていた悲しみは小さいものになっていきます。

そして「時間の経過」と共に、自分自身の人生に明るい希望を持って生きていけるようになるのです。

そういう意味のことを、キケロは述べているのです。

生きてさえいれば、これから先、たくさんの楽しいこと、喜ばしいことがあります。力強く生きていく勇気を与えられることもたくさんあります。幸福な生活を取り戻すチャンスも数多くあるのです。

しかし、愛する人と死別し、深い絶望感に陥《おちい》っている時には、自分の人生にこの先たくさんのいいことがあることなど信じられない心境になっているのです。

そこで、「自分の人生はもうおしまいだ」と急いで決めつけてしまわないことです。

自分自身に命があるうちは、その命を大切に思い、一生懸命に生きていくことです。

そうすれば「時間の経過」と共に悲しみが癒され、自分の人生には多くの希望が残されていると理解できるようになります。

楽観思考が、絶望的な気持ちから自分自身を救ってくれる

◆気持ちを楽にして、たんたんと生きる

大正時代から昭和初期にかけて活躍した政治家に高橋是清《たかはしこれきよ》という人物がいます。

大蔵大臣や総理大臣といった役職を務めた人です。

この高橋是清は若い頃、とても苦労しました。

十代でアメリカに留学しましたが、ホームステイ先の家主にだまされて、ブドウ畑を経営する人間のもとへ売り飛ばされてしまいます。

そのブドウ畑では奴隷《どれい》のようにこき使われたと言います。

そんな中でも、どうにか英語を習得し、一年後に日本へ帰国しました。

しかし、日本での就職先がなかなか見つかりません。

そのために貧乏し、米を買うお金にさえ苦労したと言います。

そんな逆境が続く生活の中で、高橋是清は、新約聖書の言葉を心のよりどころにし

ていました。その言葉とは、

「神は空を飛ぶ鳥さえ飢えさせることはない。ましてや人間を飢えさせることはない」

というものでした。

この言葉を思い浮かべると、高橋是清は心が楽になり、「奴隷のようにこき使われても、金がなくても、飢え死にすることはないだろう。がんばっていれば、まあ、そのうちどうにかなるだろう」と楽観的に物事を考えるようになれたのです。

逆境に陥《おちい》り、悲惨《ひさん》な目にあうと、人はどうしても絶望的な気持ちになってしまいます。

そんな**絶望的な気持ちからその人を救ってくれるのが「楽観思考」なのです。**

思い詰めるのではなく、気持ちを楽に持って、自分が今すべきことをたんたんと進めていけばいいのです。

がんばっていれば、必ず、道が開けます。

必ず明るい未来がやってくるのです。

第4章 最後まで可能性を信じる

「自己効力感」が高い人が、逆境に強い

◆言葉によって自分を励まし続ける

「自分には目標をやり遂げる自信がない」

「私はダメ人間だ。周りの人たちの迷惑になってばかりいる」

「私は世の中のために何の役にも立っていない」

これは「逆境に弱い人」に見られる典型的な考え方です。

自分自身というものに対して、とても否定的なのです。

このようなタイプの人は、何かうまくいかない事態に直面すると、いっそう否定的な考え方にはまってしまいます。

そして、逆境を乗り越えられず、精神的に落ち込んでいくばかりなのです。

「逆境に強い人」は、これとはまったく正反対の考え方を持っています。

「自分は目標をやり遂げる自信がある」

「私は有益な人間だ。周りの人たちの役に立っている」

「私は世の中のために大きな貢献をしている」

このように自分の能力に対する自信、また自分は役に立つ存在だという確信を持つことを、心理学では**「自己効力感《じここうりょくかん》」**と呼んでいます。

この「自己効力感」を高めることが、逆境を乗り越える大切なコツになるのです。


何をやってもうまくいかない時、自分が思い描いていた通りに物事が運ばない時、人はつい自分への自信を失いそうになります。

しかし、そこで踏みとどまって「自己効力感」を高めることができる人が、逆境を乗り越えていけるのです。

「自己効力感」を高める方法の一つは、「言葉による励まし」です。

自分自身で自分を「あなたは、たいしたものだ。あなたほど、すごい人間はいない」「私は、こんなことで心が折れる人間じゃない」と励ますという方法です。

自分で自分に声をかけ、励まし続けることによって、「自己効力感」が高まります。

いいイメージを持つことが、逆境を乗り越える力を養う

◆みんなの役に立ち、みんなから祝福されている姿を想像する

「逆境に強い人」というのは、「自分を励ますことが上手い人」と言うことができます。

いろいろな方法によって、いつも習慣的に「自分を励ます」ことをしているのです。

では、自分を励ます方法にはどのようなものがあるか、次に掲げておきます。

①言葉による励まし

②想像による励まし

ひと口に「自分を励ます」といっても、二つの方法があることがわかります。

「逆境に強い人」は、このような方法を日常生活の中で、複合的に織り交ぜながら暮らしていると考えられます。

「言葉による励まし」というのは、自分で自分自身に、

「私ならできる。がんばれ！」

「私には力がある。負けるな」

といったような励ましの言葉をかけることをいいます。

また、周りの人たちからかけてもらえる「あなたには隠れた才能があるんですねえ。後はその才能を開花させるだけですね」「君は、なかなかねばり強い。もっと自信を持っていい」といった励ましの言葉を素直に受け取って、それを逆境を乗り越える意欲につなげていくことです。

「逆境に強い人」は、そのように自分で自分に語りかける「言葉の力」や、周りの人たちから言ってもらう「言葉の力」を上手に自分の中に取り入れて、たくましく生きるパワーに変えていくことが上手いのです。

「想像による励まし」というのは、「未来に対していいイメージを持つ」ということです。

「逆境を乗り越えて、みんなから祝福されている自分のイメージ」「自分の成し遂げたことが役立ち、みんなが喜んでいるイメージ」を想像することで、「へこたれずに、がんばろう」という自分自身への励ましになっていくのです。

他人の活躍を見て、自分自身への励ましにする

◆活躍している人に刺激を受けながらがんばる

「活躍している人」を見て、「自分がこんな辛い目にあっている時に、あの人だけ成功しているなんて許せない」と、妬《ねた》みの感情を抱いてしまう人がいます。

また一方で、「あの人はすごいなあ。それに比べて私は何をやってもうまくいかない。私は、なんてダメなんだろう」と、ますます自信を喪失《そうしつ》していく人もいます。

いずれも「逆境に強い人」とは言えません。

むしろ「妬み」や「自信喪失」によって、その「辛い状況」「うまくいかない状況」からずっと抜け出せなくなる可能性が高いと言えます。

「逆境に強い人」というのは「活躍している人」を見て、「妬み」の感情を持つことはありません。

「活躍している他人」と自分とを見比べて、自信喪失することもありません。

そうではなくて、「逆境に強い人」というのは「活躍している人」を見て、自分自身への励みにすることができるのです。

「活躍しているあの人の姿を見ていると、何だか私もうれしくなってきた。やる気がわいてきた」

「あの人の活躍に自分も大いに刺激を受けた。自分は今、逆境にあるが、早くこの逆境を脱しなければならないと思った」

といったように考えて、自分自身への励みにすることができるのです。

このような心理効果を、心理学では**「他人の刺激による励まし」**と呼んでいます。

「逆境に強い人」は、このように「他人の刺激による励まし」の心理効果を活用するのが上手いのです。

この「他人」とは知り合いも含みますし、あるいは「各界で成功している人物」など、まったく面識のない他人でもいいのです。

本やテレビで活躍している「まったくの他人」を見て、「私もがんばろう」と思うのも「他人の刺激による励まし」という心理効果と言えます。

がんばってみる前から、あきらめている人がいる

◆あきらめる前に、まずはがんばってみる

逆境にある時、「がんばれば乗り越えられる。自分には逆境をはね返すだけの力がある」と考えることができるタイプの人がいます。一方で、「がんばっても、どうせムダだ。自分には力がない」とあきらめてしまうタイプの人もいます。

当然のことながら、自分の力を信じている人は、実際に逆境をはねのけて前進していくことができます。しかし、自分の力への自信を失っている人は、逆境をはね返すことができず、そこで終わってしまいます。

ここで注意しなければならないのは、自分への自信を持てない人は、逆境をはね返す努力など何もしないうちから、「どうせムダだ」とあきらめてしまっている点です。

心理学では、そのような心理傾向を**「無力感《むりょくかん》」**と呼んでいます。

困難なことに対してチャレンジしてみる以前から、「どうせ無理だ」「自分には力が

ない」とあきらめてしまうことを意味する言葉です。

性格的にこの「無力感」が強い人ほど、逆境に対して弱いのです。がんばれば逆境を乗り越えられるかもしれないのに、がんばってみる以前にあきらめてしまっているのです。

「鎖《くさり》につながれた象《ぞう》」という話があります。

サーカスに連れてこられた子供の象は当初、必死になって逃げ出そうとします。しかし、足を鎖につながれているために逃げ出せません。その結果、子供の象は、逃げ出すことをあきらめてしまいます。

やがて、その象は大人になります。鎖を切って逃げ出すだけの力をつけているのですが、子供の頃に植えつけられた「無力感」、つまり「どうせ無理だ」「自分には力がない」という意識があるために、もう逃げ出そうとすることをしないのです。

逆境の中で「どうせ無理だ」「自分には力がない」という弱気な気持ちになりやすい人も、知らない間にそんな「無力感」を植えつけられているのかもしれません。

まずは、努力をしてみることです。そうすれば「意外と簡単に逆境を乗り越えられた」という場合も多いと思います。

可能性があるかぎり、知恵をしぼって良策を探す

◆大切なものを失ったとしても、そこで終わりではない

フランスのことわざに、「斧《おの》の刃が取れても、柄《え》を捨ててしまってはいけない」というものがあります。

このことわざには、「一つのことを試して失敗したとしても、問題を解決する手段はまだ他にあるかもしれないのだから、簡単にあきらめてしまってはいけない」という意味が含まれています。

斧から刃が取れてしまったら、もうその斧では木を切ったり、マキを割ったりすることはできません。斧として役に立たなくなったからです。

しかし、そこで柄を捨ててしまってはいけないのです。「柄を捨てる」とは、「物事をあきらめて、放り出してしまう」ということを意味しています。

柄にもう一度、刃をはめこむ方法があるかもしれません。

あるいは、柄だけでも、何かの役に立つかもしれません。

つまり、「刃が取れるという困った状況に見舞われても、簡単に物事をあきらめて、放り出してしまってはいけない。何か知恵を出せば、困った状況を打破する方法があるかもしれない。可能性がある限り、知恵を出していくのが賢い生き方だ」と、このことわざは主張しているのです。

人生の逆境に見舞われた時にも、同じことが言えます。

たとえば、何かのアクシデントに見舞われて、「財産を失う」という事態に直面することもあるでしょう。これまで築き上げてきた「地位を失う」という場合もあります。

これまで頼りにしてきた「相棒《あいぼう》がいなくなる」ということもあります。

その結果、自分自身が逆境に立たされてしまうこともあるでしょう。

しかし、大切なものを何か失ったとしても、そこで終わりではありません。財産や地位、相棒がいなくても、**「他に何か、この逆境を抜け出す方法はないか」**と知恵をしぼることが大事なのです。可能性がある限り、あきらめてはいけないのです。

知恵をしぼれば、必ず、いい解決策が見つかると思います。

気持ちが落ち込んでいる時は、何事でもあきらめやすくなる

◆落ち込んだ気持ちをリフレッシュする

「気持ちが落ち込んでいる時には、その人は何事にもあきらめやすくなる」ということがあります。

ある女性の事例です。

「その日は、朝から仕事のトラブルに見舞われ、取引先から文句を言われたり、上司に叱られたりして、散々な経験をしてしまいました。

精神的にも落ち込み、心の中はストレスだらけです。

さて、家に帰って来てから、恋人から電話がありました。

その電話で、ささいなことが原因で、恋人と口ゲンカになってしまいました。

自分が言った一言に恋人は怒って、電話を切ってしまいました」

このようなケースで、「気持ちが落ち込んでいる時」は、人は得てして仲直りする

ことをすぐにあきらめてしまう心境になりやすいのです。

「電話をかけ直しても、彼氏は許してくれないだろう」「自分のほうから謝ってもムダだ。もう仲直りなんてできない」といった心境になりやすいのです。

実際には、電話をかけ直して謝ってしまえば、すぐに仲直りできたかもしれません。

しかし、「気持ちが落ち込んでいる時」には、とかく、そのように前向きに考えることができず、あきらめやすい心境になっているのです。

このようなケースでの、解決策はそれほどむずかしくはありません。

落ち込んだ気持ちをリフレッシュする方法を何か試せばいいのです。

お風呂に入ったり、飲み物を飲んだり、あるいは一晩ぐっすり寝たりして、気持ちをリフレッシュするのです。

そうすれば、「こんなつまらないことで別れるのはバカらしい」という正常な判断ができるようになります。

落ち込んだ気持ちをいつまでも引きずっていたら、正常な判断も明るい希望も思い浮かばないまま終わってしまいます。

体力がない人は、精神力も弱くなっている

◆健康管理に気を使い、適度な運動習慣を持つ

心理学が今、注目している人間の能力があります。

それは**「レジリエンス」**と呼ばれる能力です。

「復元力」「回復力」といった意味がある言葉です。

逆境に陥《おちい》って落ち込んだり、辛い思いをしている時、そんな状況を脱するための精神的な力を意味する言葉です。

人の人生というものは、たいていのことは精神力でどうにかなるものです。

どんなに大きな逆境に陥ったとしても、そこから抜け出す精神力がある人は、逆境からはい上がってふたたび活気ある生活を取り戻すことができるのです。

その意味で、たくましく、また力強く生きていくためには、この「レジリエンス」を持つことはとても重要なのです。

心理学では、この「レジリエンス」を強めるにはどうすればいいか、様々な研究が行われています。

その中で、**「適度な運動習慣を持ち、体力をつけることが、レジリエンスを強める」**という報告があります。

「健全なる精神は、健全なる肉体に宿る」という古代ローマ時代のことわざがあります。

日頃から健康管理に気を使い、適度な運動習慣を持って健康的な体力を保持している人は、精神的にも強くなるのです。

つまり、「健全なレジリエンス」を保つことができるのです。

ですから、逆境を経験するようなことがあっても、自分を見失うほど落ち込むようなことはありません。

希望を失わず、前向きに逆境を乗り越えていくことができるのです。

言い換えれば、不健全な生活を続けて体力がない人は、「レジリエンス」が弱いのです。

ですから、落ち込むようなことがあった時、なかなか立ち直ることができません。

体力を保つことは、逆境から抜け出す力を強めるための一つの方法です。

逆境にあっても、「人としての誇り」を失わないで生きていく

◆顔を上げて、正々堂々と生きていく

明治・大正時代の政治家に後藤新平《ごとうしんぺい》（19〜20世紀）という人物がいます。

大正12年、1923年に関東大震災が起こり、東京は壊滅《かいめつ》的な被害をこうむりました。

その東京を復興するために作られた政府の組織の責任者が、この後藤新平でした。

いわば東京という都市が逆境にあった際に、その東京という都市を救うために努力したのが、この後藤新平だったのです。

後藤新平は、次のような言葉を残しています。


「使い古した下駄《げた》を履《は》いていようとも、大通りを正々堂々と歩くのがいい。ボロボロの衣服を着ていても、顔を上げて歩いていくのがいい（意訳）**」**

「正々堂々と歩く」「顔を上げて歩く」という言葉を通して、後藤新平は「どんなに苦しくても、人間としての誇りを失ってはいけない」ということを言っているのです。

関東大震災直後、東京の民衆の多くは家を焼け出され、まさに使い古した下駄を履き、ボロボロの衣服を着ている人ばかりでした。

しかし、「そういう逆境の中にあってこそ、うなだれて、思い詰めた顔をして歩くのではなく、誇り高く正々堂々と、顔を上げて歩いていくことが大切だ」と、後藤新平は述べているのです。

逆境にあっても人としての誇りを失わないことが、力強く逆境を乗り越えていくコツになるのです。

逆境に陥《おちい》ると、人はつい弱気になり、誇りを失います。

「私はダメ人間だから、この逆境を乗り越えられないだろう」と、自分で自分を見下すような考えをしてしまいがちです。

しかし、それでは逆境を乗り越える力は出てきません。

誇りを持ってこそ「生きる力」がわいてくるのです。

「思い上がり」で逆境に押しつぶされ、「誇り」で逆境を乗り越えていける

◆自分の人生に関係するものを受け入れる

逆境を乗り越えていくためには「誇りを持つ」ということが、とても大切なことです。

明治時代、官僚、政治家、ジャーナリスト、新聞社社長と、様々な仕事を経験してきた人物に、矢野竜渓《やのりゅうけい》（19～20世紀）がいます。

この矢野竜渓が、次のような言葉を残しています。

「すべての人にとって、誇りこそ、その人の生命である」

「誇りが、生きるエネルギーになる。誇りを持ってこそ、人生でどんな困難が待ち受けていようとも、力強く生きていける」という意味です。

ただし、「誇り」とはいっても、それは自分自身の能力に対する誇りばかりを意味するのではありません。

自分がやっている仕事への誇りもあります。

自分が在籍する会社への誇りもあります。

「職場の同僚たちは、みんな優秀な人間ばかりだ」という、同僚への誇りもあります。

「私はいい家族に恵まれている」という家族への誇りもあります。

「自分の友人は、みな個性的な人たちばかりだ」という、友人たちへの誇りもあります。

そのように**自分自身に関係するすべてのものへの誇りが統合される形で、その人の「誇り」が作られているのです。**

「あんなくだらない仕事なんてやってられない」「同僚たちはみんな愚かだ」と、自分の仕事や周辺の人々のことをバカにしながら、自分の能力を誇るのは、正しい意味での「誇り」ではありません。それは「思い上がり」と呼ばれるものなのです。

たんなる思い上がりでは、逆境を乗り越えていく力は出てこないのです。

むしろ、思い上がりのために、イザという時に逆境に押しつぶされてしまうことになると思います。

自分の人生に関係するものすべてを肯定し、それに誇りを持つことで、その「誇り」は強いパワーを発揮するのです。

憧れの人を「ロールモデル」にすることで、生きる勇気と自信を得る

◆憧れの人の仕事のやり方や考え方を取り入れる

戦国時代に上杉謙信《うえすぎけんしん》（16世紀）という武将がいました。志半《こころざしなか》ばで急死したため、みずからの手で天下を平定することはできませんでしたが、戦国武将の中では最強だったとも言われています。

ところで、この上杉謙信は、**毘沙門天**《びしゃもんてん》の信奉者で、祭壇に祀《まつ》った毘沙門天に毎日祈りを捧げ、またみずからを毘沙門天の生まれ変わりだと信じていたと言います。

「毘沙門天」は、仏教の伝説に登場する神の一人です。仏敵から仏を守る四天王《してんのう》の一人で、その四天王の中では最強の武神《ぶしん》として崇《あが》められていました。

謙信はこの武神としての毘沙門天の強さに憧れ、自分が毘沙門天の生まれ変わりだと信じることで、みずからが戦《いくさ》に出陣する時の勇気と自信を得ていたのです。

戦場において経験する様々な逆境を、「毘沙門天の生まれ変わりである自分が、こ

んなことで負けるはずがない」と信じることで、切り抜けてきたのです。

このように「〇〇のようになりたい」という憧れの対象を持ち、その憧れの対象が持つ性質を自分自身が発揮することで、生きる勇気や自信を得ることを、心理学では**「ロールモデル」**と言います。日本語では**「役割を演じるためのお手本」**といった意味になります。

謙信はまさに毘沙門天を通して「ロールモデル」を実践していたのです。

この「ロールモデル」の心理効果を活用することも、「逆境に強い人」になるためのコツと言えます。

ビジネスマンであれば、「〇〇さんのような、やり手のビジネスマンになりたい」という憧れの人を見つけ出します。

そして、その**憧れの人の仕事のやり方や考え方を自分の中に取り入れていくことで勇気や自信を得ることができる**のです。

第5章
上手に感情をコントロールする

辛いことを考えまいと思うほど、かえって辛いことばかり考え込む

◆別のことに熱中し、気持ちを切り替える

心理学では、**「皮肉効果《ひにくこうか》」**と呼ばれる心理傾向があることが知られています。

「あることを『考えてはいけない』ということを強く意識すると、かえってそのことばかり考えてしまうようになる」という人間の心理を指しています。

次のような心理実験が行われました。

実験者が被験者たちに、「これから5分間、白クマのことを考えないようにしてください。白クマ以外のことなら何でも考えて結構です」と要請します。

被験者たちは、素直に「白クマのことを考えないようにしよう」と思います。

しかし、「考えない」と強く思えば思うほど、皮肉なことに被験者には「白クマのことばかり考えてしまった」という人が多かったのです。

これは「皮肉効果」と呼ばれる心理傾向です。

このような現象は、日常生活の中でもよく起こります。

たとえば、何か失敗をしたとします。そのために自己嫌悪の感情にとらわれ、深く落ち込んだとします。

このようなケースで、「いつまでもクヨクヨしていてもしょうがない。失敗のことなど考えずに前向きにいこう」と考えます。

しかし、皮肉にも、「失敗のことなど考えない」と強く思いすぎると、かえって、「どうして、あんな失敗をしてしまったのだろう。私は愚かだ」

「あの時、判断を間違ったから失敗してしまった。なんてバカだったんだろう」

と、失敗した記憶ばかりがよみがえってきて、気持ちがどんどんマイナスの方向へ向かっていってしまうのです。

この**「皮肉効果」から逃れる方法は、「別のことに熱中して、頭をからっぽにする」ことです。**

スポーツやカラオケなど、自分が好きでやっている趣味に熱中することで、頭の中から「失敗の記憶」が消え去ります。

そうすればリフレッシュした気持ちで、また前向きに生きていけるようになります。

「適度な不安を持つ」のはいい、「不安を怖れる」のはダメ

◆「不安を怖れる」状態にならないよう注意する

昭和時代の小説家、三島由紀夫（20世紀）は、**「不安という感情自体は少しも病的ではないが、『不安を怖れる』という状態は病的である」**という言葉を残しています。

「不安」というものは、それ自体は自然な人間の感情であり、特別悪いものではないのです。

人生がうまくいかない時、大きな壁にぶつかって身動きが取れないような状態に陥《おちい》った時には、誰でもが自分の将来のことを考えて不安な気持ちになります。

ただし「不安な気持ち」は、人によって強弱に差があります。

その「不安な気持ち」が適度なものであれば、それはむしろいい意味での緊張感を高め、潜在的な能力を引き出すことに役立ちます。

ただし、その**「不安な気持ち」が大きくなりすぎて、「不安を怖れる」という状態になると、それはその人の精神面に悪影響を及ぼすことになります。**

つまり、「このままでは、私の人生は終わりだ。地位も財産も家族も失って、路頭に迷うことになるんだ。ああ、どうしよう」といった状態です。

このような状態になると、頭の中が不安で一杯になってしまって、人生の逆境を乗り越えるためのいい知恵が出てきません。

不安感だけが先走って、有効な手立てを何も考えられない状態になってしまうのです。

また、行動力も失います。

どうしたらいいかわからず、ただ茫然《ぼうぜん》と状況を見守っている、といった状態になります。

そのような状態を、三島由紀夫は「病的」と述べたのです。

適度な不安はあってもいいですが、不安な気持ちが大きくなりすぎないように、気持ちをコントロールすることが大事です。

怒りの感情のために、将来への展望が見えなくなる

◆怒るのをやめ、冷静に今後のことを考える

逆境に陥《おちい》った時、注意しておきたいのは**「怒り」**の感情です。

自分の責任で逆境に陥るのならまだしも、自分には責任は何もないのに逆境状態になることがあります。

たとえば、会社の業績が悪化したために、リストラされるといったケースです。こういうケースでは、「まじめにコツコツ働いてきたのに、なぜ私がリストラされなければならないんだ。会社の経営が悪化したのは経営者の責任じゃないか。私は何も悪くないのに、なぜこんな仕打ちを受けなければならないんだ」と、強い怒りを感じる人も出てきます。

確かに、腹立たしい気持ちになるのは理解できます。

しかし、**怒りという感情にとらわれ続けるのは、その人自身のこれからの人生に悪**

影響を及ぼす危険もあるのです。

心理学の調査に次のようなものがあります。

会社をリストラされた時に、会社への強い怒りを感じたタイプの人と、比較的冷静に受け止めることのできたタイプの人の、その後の行動を追跡調査したのです。

その結果、比較的冷静に受け止められたタイプの人は、次の就職先を探す行動に素早く移ることができました。

その結果、就職先も早く見つかり、また安定した生活を取り戻すことができました。

強い怒りを感じたタイプの人は、前の会社への文句や悪口を言うばかりで、次の就職先を探す行動になかなか移ることができませんでした。

その結果、収入のない生活が長引き、いっそう生活は困窮していきました。

調査の結果、このような傾向があることがわかったというのです。

怒りに任せて、リストラされた会社への不満をわめき散らしていても、次の就職先が見つかるわけではありません。こういうケースでは、**腹を立てても何のいいこともありません。**冷静に今後の人生について考えるのが賢明なのです。

逆境を経験することが、その人を人間的に成長させる

◆「苦しい経験は、自分の人生にとって有意義である」と信じる

18～19世紀のドイツで活躍した劇作家、詩人にシラーという人物がいます。

シラーの劇作家としてのデビュー作は、『群盗《ぐんとう》』という作品でした。

この作品は民衆から熱烈な支持を受けましたが、当時の政治権力を批判する内容であったために、シラーは逮捕され独房に入れられてしまいます。

その後、釈放されましたが、シラーは一切の著作活動を禁じられました。

また、始終警察から監視されていました。

自由な活動を許されなかったのです。

それに反発し、シラーは他国に亡命します。

自分の国に帰ってこられたのは、その約一年後でした。

シラーにとっては、まさに逆境の時代だったのです。

後にシラーは、次のような言葉を残しています。

「人間が真に向上するのは、不運の時である」というものです。

逆境にある時、人はその逆境から早く抜け出そうともがき苦しみます。

その時には、必死になってがんばっているので、逆境の中で自分がどれだけ人間的に成長しているのか気づくことができません。

逆境を脱した後になって、苦しかった当時のことを思い出し、「逆境はいろいろな意味で自分を成長させてくれた。様々な生きる知恵を与えてくれたし、精神的にも強くしてくれた。多くの人とも知り合えた」ということに気づくのです。

その意味では、「逆境を経験する」ということは、悪いことではないのです。

自分の人生にとって、とても有意義なことなのです。

また、今、逆境の中にあってもがき苦しんでいる人も、**「この苦しい経験が自分を成長させてくれている」**と信じることができれば、逆境に立ち向かっていく勇気が生まれてくると思います。

「朝の来ない夜はない」と信じて、勇気を持って生きる

◆希望があれば、逆境を乗り越える勇気が生まれる

昭和時代、歴史小説の分野で活躍した人物に吉川英治（19〜20世紀）がいます。

吉川英治は、父親が事業に失敗したため、子供の頃はとても貧しい生活を送っていました。現在の高校に当たる学校に入学したものの、学費を払えなくなって中退し、その後は横浜港で肉体労働者として働くようになります。

しかし、そこで事故にあい大ケガを負ってしまいます。

その後は、装飾品の職人のもとに弟子入りしたり、様々な職業を転々としますが、貧乏生活からはなかなか抜け出せませんでした。

そして、貧しい生活の中で「小説家として成功したい」という夢を抱き、コツコツと小説を書いては新聞社や出版社の新人賞に応募していました。

仕事でヘトヘトに疲れ切って家に帰ってきてから小説を書き始めるのですから、吉

川英治にとって当時は非常に苦労の多い生活でした。

働いても働いても生活が向上していかないことに、心がめげそうになったこともありました。

しかし、吉川英治はがんばり抜いたのです。

そして彼は、次のような言葉を残しています。

「よし、今度も立派に逆境を乗り越えてみせる。朝の来ない夜はないのだから（意訳）**」**

というものです。

この言葉にある「夜」とは、「苦しい時期」を意味しています。

「朝」とは、「希望にあふれた明るい未来」を表しています。

苦しい時期が、今後も永遠に続いていくことはありません。

逆境を乗り越えれば、必ず、希望にあふれた明るい未来がやってくるのです。

そのことを理解し、希望を持つことで、「逆境を乗り越える」ための勇気を得ることができるのです。苦しい思いが和らぐのです。

そういう意味のことを吉川英治は語ったのです。

視野を広げることで、逆境体験が持つもう一つの意味が見えてくる

◆とにかく誰かに相談してみる

困難に直面するとすぐに心が折れてしまう「逆境に弱い人」の特徴に、**「視野が狭い」**ということが挙げられます。

逆境に陥《おちい》った当初は、様々なネガティブな感情に心を支配されます。「苦しい」「辛い」「イヤだ」「情けない」「自分はダメ人間だ」「自分ほど愚かな人間はいない」といった感情です。

視野が狭い人は、そんなネガティブな感情ばかりに心がとらわれてしまいがちなのです。そのために、そのネガティブな感情から抜け出せなくなります。

このような時は、もっと広い視野で自分が今経験していることを見直してみることが大切です。

視野を広げると、逆境を経験することのもう一つの意味が見えてくるのです。すな

わち、

「逆境を経験することで、自分は様々な知識やノウハウを学んでいる。その知識やノウハウは将来きっと役立つだろう」「逆境を経験することで、自分にとって本当に大切な人は誰か、よくわかる」といったことです。

また、逆境に陥った時、狭まった視野を広げる方法として、**「人に相談する」**ということもよいと思います。

誰かに相談したからといって、相手は必ずしも問題を魔法のように解決する方策を教えてくれるわけではないでしょう。

しかし、ちょっとしたひと言で、今まで自分が気づいていなかったことを気づかせてくれることも多いのです。たとえば、

「今、あなたはとても貴重な体験をしているんじゃありませんか」

「逆境で経験していることをノートに記録しておくとよいのではありませんか。それが将来役に立つかもしれない」といったアドバイスです。

そんなアドバイスがきっかけで視野が広がり、ネガティブな感情から抜け出すことができることもあるのです。

「不快情動」は動物には許されても、人間には許されない

◆不快な感情を処理していく能力を身につける

動物行動学に「**不快情動**《ふかいじょうどう》」という言葉があります。

「動物は不快を感じる経験をすると、また同じ思いをしないで済むように、不快の原因になったものを避ける行動をとる」という意味です。

たとえば、一匹のネコがある家の庭に忍び込みます。

すると、その家で飼われているネコに遭遇し、顔を爪で引っかかれたとします。

すると、そのネコは、「あの家の庭に入ると、自分よりも強いネコがいて痛い思いをする」と学習し、二度のその家の庭に近づこうとはしなくなります。

これが「不快情動」と呼ばれるものです。

人間も動物の一種ですから、この「不快情動」があります。

たとえば職場で、ちょっとした仕事のミスで、上司から怒鳴られてとても不快な思

いをしたとします。そのような経験をすれば、自然に「また怒鳴られるのが怖いから、あの上司の近くに行きたくない」「あの怒りっぽい上司とまた顔を突き合わせて仕事をしなければならないかと思うと、会社に行きたくない」という気持ちにさせられるものです。

これが人間の場合の「不快情動」の一例です。

ただし人間の場合、「上司に怒鳴られるのが怖い」からといって、ずっと上司を避けているわけにはいきません。

「上司の顔を見たくない」からと言って、会社に出勤しないわけにはいかないのです。上司を避けるような行動を取っていたら、ますますその上司から嫌われて、職場で窮地に追い込まれることになります。

出社を拒否すれば、その会社をクビになって、路頭《ろとう》に迷うような人生に突き落とされてしまうことになるでしょう。

人間は、たとえ不快な経験をしたとしても、その原因を無暗に避けるのではなく、その不快に思う感情を上手に処理していく必要があるのです。

言い換えれば、「逆境に強い人」は感情処理能力が高いのです。

自分なりに、不愉快な思いを処理する方法を作っておく

◆「好きなこと」と「適度な運動」でリフレッシュする

人間は一日の生活の中で、たくさんの「不愉快な思い」をしながら暮らしています。

職場では、お客さんからの電話で、言いがかりに近いクレームをつけられて、イヤな思いをすることもあります。

友人からイヤミをいわれて、不愉快な思いをすることもあります。

このような不愉快な思いをすれば、人は「職場にかかってくる電話なんて出たくない」「あの友人になんて、もう会いたくもない」という気持ちにさせられます。

前述しましたが、不愉快な思いをした時、その原因となったものを避けるようになることを、心理学の言葉で「不快情動」と言います。

しかし、だからといって本当に、不愉快な思いをするたびに、その原因になったものを避けていたら、社会人として健全な生活を送れなくなります。

会社へは行けなくなり、友人は一人もいなくなってしまいます。

そこで大切になるのは、**「不愉快な思いをどう処理するか」**です。

不愉快な思いを処理する方法はいくつかありますので、ここで紹介しておきます。

・好きなことに夢中になって、不愉快な出来事を忘れる。

・軽い運動をして心身ともにリフレッシュする。

ゲームが好きな人は、ゲームを楽しんでいる時は無我夢中になります。ゲーム以外のことは、頭から消え去ってしまいます。

カラオケが好きな人は、歌をうたっている時は、やはりイヤな思いをしたことなど忘れてしまっているのです。

このように好きなことをすることで、「不愉快な感情」を上手に処理できます。新鮮な気持ちで、また仕事に励み、友人とつき合っていくことができます。

運動も、リフレッシュにはとてもいい効果があります。適度な運動をすることでイヤなことなど忘れてしまい、気持ちが前向きになるのです。

不愉快なことがあっても、「そんなこと気にせずに、がんばろう」という気持ちになれます。

不愉快な思いは、できるだけ早く消し去ってしまうほうがいい

◆「5分の逃避」と「深呼吸」によって気分転換する

普通に暮らしていても、人は一日の生活の中で「不愉快な思い」をたくさんしています。

ましてや逆境にある時は、「不愉快な思い」のオンパレードです。

それにへこたれることなく逆境を乗り切っていくために大切なことは、

「不愉快な思いを後々まで長引かせない」

「不愉快な思いは、なるべくその場で処理してしまう」

ということです。

不愉快な思いを長引かせると「ああイヤだ」「腹が立つ」といったネガティブな感情が、雪だるま式にどんどん大きくなっていきます。

ですから、なるべく早い段階で処理してしまうほうが賢明なのです。

その方法としては、次のようなものがあります。

・５分間だけ、その場から離れる。

・深呼吸する。

職場で不愉快な思いをした時は、「この職場を離れたい。上司や同僚たちと一緒にいるのがイヤだ」という気持ちが強くなります。

その気持ちに無暗に逆らうのではなく、素直に従ってみるという方法もあります。

ただし、ずっと職場から姿を消しているわけにはいきませんから、５分なら5分、10分なら10分と時間を決めて、部屋から外に出て新鮮な空気を深呼吸するのです。

外に行く余裕がない時には、休憩室で深呼吸するのもいいでしょう。

これだけでも、かなり不愉快な感情が弱まり、上手に気分転換できます。

その場をちょっとだけ離れてみるだけでも、ずいぶん気持ちが楽観的になり、「こんなこと、大した問題じゃない」と、軽く受け流すことができます。

また、深呼吸することで、乱れた気持ちが平静に戻り、冷静に物事を考えることができるようになるのです。

第6章
自分らしさを尊重する

誰も認めてくれなくても、自分で自分をほめる

◆「自分ほめノート」を書いてみる

たとえ落ち込むことがあっても、そこから素早く立ち直って、ふたたび元気な自分を取り戻すためのコツの一つに**「自尊感情《じそんかんじょう》を高める」**というものがあります。

「自尊感情」とは、心理学の用語ですが、**「自分は価値ある人間であると、自分自身を肯定的にとらえる気持ち」**のことです。この「自尊感情」が高い人は、困難に直面しても、ねばり強くそれを乗り超えていけます。

しかし、この「自尊感情」が低い人は、ちょっとした困難にぶつかっただけでも落ち込みやすく、立ち直れないまま挫折してしまう傾向が強いのです。

その意味で、「自尊感情」を高めることは、たくましく生きていくためにとても有効です。

この「自尊感情」を高めるための、もっとも簡単で有効な方法は**「自分をほめる」**

ということです。

「あなたはよくやっている。たいしたものだ」
「私って、すごい！　私にはすごい才能がある」

といったように、鏡を見ながら自分で自分をほめることです。

たとえ、周りの人たちが、誰も自分の価値や才能を認めてくれなくても、自分で自分をほめることが大切です。「自分をほめる」という習慣を持つことで、自分という人間が強く、たくましく生まれ変わっていきます。

この「自分をほめる」という習慣がある人は、精神的に安定していて、また人間関係も円満です。うつ病のような「心の病」になる人も比較的少ない、という報告もあります。

自分をほめる内容を、ノートに書き出してみるのもいいと思います。

日記を書くようにして**「自分ほめノート」**を作ってみるのです。

一日の終わりに、その日の出来事を思い出しながら「自分はいいことをした」「私はよくやった」と、自分をほめる言葉を書き出します。

このような方法で「自分をほめる」という習慣が身についていきます。

自分を大切に思う気持ちが強い人ほど、逆境にも強い

◆「自尊感情」を高めて、逆境に打ち勝つ

前述した「自尊感情」について、また違った角度から説明します。

たとえば、「自尊感情」を次のように理解すれば、一般の人にもわかりやすくなると思います。


「自分を大切に思う気持ち」

「自分を好きになる気持ち」

「自分自身への自信」

「自分らしく生きていく勇気」


ということです。

つまり、「自尊感情」とは、「自分は人よりもすぐれている」と、自分にうぬぼれる感情を持つことではありません。

自分のわがままを押し通して生きていく、ということでもありません。**周りの人たちとの円満な関係の中で、自分を大切にし、自分らしく生き、そして自分自身の幸福を築いていく**ことを意味するのです。

自分も、そして周りの人たちも共に幸福に生きていく中で、自分自身の価値観を大切にしていく生き方なのです。

この「自尊感情」が高い人は、心理学では、人生の困難に直面しても前向きに、積極的に乗り越えていく能力が強いと言われています。

この「自尊感情」を高める方法は、先にも紹介した「自分をほめる」というものもありますが、他にもいくつかありますので挙げておきます。

- **好奇心を持ち、多面的な人間性を持つ。**
- **「満足すること」を、心の習慣にする。**
- **すばらしい夢と希望を持って生きる。**

これらの考えを持つことで、自尊感情が高まります。

「仕事しかない人間」ほど、仕事に行き詰まった時に弱い

◆仕事以外に「活躍の場」を作っておく

「逆境に弱い人」の典型的なタイプに「仕事人間」がいます。

仕事人間というのは、言い換えれば、仕事以外のことに関しては興味がない人たちです。

「仕事一辺倒だったんです。趣味なんて持ったことがないので、プライベートの生活を楽しめと言われても、何をしたらいいかわかりません」

「仕事以外には、これといった特技はありません。仕事以外には、人に自慢できるようなものは何もないんです」

といった人たちです。

しかし、そんな仕事人間であっても、どこかで必ず「仕事で行き詰まる時」がやってきます。

仕事しかない人が、もし仕事で自信を失うような事態に直面したら、どうなるでしょうか？

その人は、自分には生きている価値がないように思えてきて、落ち込んだまま立ち直れなくなる危険性が高いのです。

その際、もしその人が、

「私は、趣味でやっている盆栽《ぼんさい》の分野では、ちょっとした有名人なんです」

「休日にはボランティアをやってるんです。これでけっこう、いろいろな方から感謝されてるんですよ」

という人であれば、仕事で行き詰まった時に、

「仕事だけが人生じゃない。自分には趣味がある」「上司が自分を認めてくれなくても、私はボランティア活動で感謝されているんだ。それでいいんだ」と、上手に割り切って考えることができるのです。

つまり、深く落ち込まずに済むのです。**自分の人間性を全面否定せずに済むのです。**

逆境に陥《おちい》っても、その分、楽な気持ちで仕事に立ち向かえます。**楽な気持ちで対処するほうが自分の能力が十分に発揮され、問題解決も早いのです。**

満足して生きている人は、逆境にへこたれることがない

◆不満にこだわることなく、「満足する心」を養っていく

「逆境に強い人」になるために、「満足する」という心の習慣を持っておくことはとても大切なことです。

もちろん、日常生活の中で不満に思うことは、誰にでもたくさんあると思います。

たとえば、「収入が少ない。こんな収入じゃあ、好きなことができない」という不満があったとしましょう。

しかし、心の持ちようで、「収入は少ないけれど、仕事があるだけでいい。また、これでも結構、自分で創意工夫すれば楽しめることが意外とたくさんある」と考えることもできます。心の持ちようで、不満を満足に変えることができるのです。

そのようにして**「満足する」心の習慣を持つことが大事なのです。**

日頃から、そのように「満足する心」を養っておけば、たとえ逆境に直面しても、

前向きに乗り越えていけます。

仕事で成果を出せず、上司からは散々叱られ、同僚たちからは冷たい目で見られ、辛い思いをしたり苦しんでいる時でも、「仕事があるだけで、自分は幸せだ。がんばっていこう」と前向きに考えることができます。

逆境に陥《おちい》っても、へこたれることなく、明るく元気に逆境に立ち向かっていけるのです。

もし「収入が少ない」という不満をそのままにしていたら、ちょっと上司から叱られたり、同僚たちから冷たい目で見られて孤立感を感じただけで、辛い思いや苦しい思いに耐え切れなくなって逃げ出してしまうことになるでしょう。

自分の現状に不満を持つということは、自分自身の存在価値を自分で否定することと同じことです。

自分の生活に満足することが、「自分を大切にする」「自分を好きになる」ことにつながるのです。

つまり「自己尊重感」を高め、「逆境に強い人」としての能力を高めていくのです。

夢と希望があってこそ、辛い試練を乗り越えていける

◆自分なりの夢と希望を持って生きていく

アメリカの社会福祉活動家、ヘレン・ケラー（19〜20世紀）は、「夢と希望は人を成功へ導く信仰である。夢と希望がなければ何事も成就はしない」という言葉を残しています。

ヘレン・ケラーは、二歳の時に高熱を出したのが原因で、目が見えなくなり、耳は聞こえなくなり、また言葉を話すこともできなくなりました。

二歳にして、まさに人生の逆境を味わったのです。

その後、話すことはできるようになりましたが、視力と聴覚だけは改善しませんでした。

成人したヘレン・ケラーは夢を持ち、希望を抱きます。

それは、**目が見えなくても、耳が聞こえなくても、自立して生きていく**ことでした。

また、身体障害者を支援する福祉活動をもっと盛んにすることでした。その夢と希望を果たすために、アメリカのみならず、世界中を講演して回りました。日本にも戦前と戦後、二回来て講演を行っています。ヘレン・ケラー自身が述べている通り、彼女は、夢と希望を持つことで逆境を乗り越え、世界的に有名な福祉活動家になったのです。

夢と希望を持つことは、自分自身の人生を大切にするということにつながります。「目が見えないから、私は何もできない。耳が聞こえないから、何をやっても私はダメだ」と、自分の人生を否定するのではなく、「目が見えない。耳が聞こえない」ということを受け入れて、そういうハンディキャップを背負った自分の人生を大切に尊重していくということです。

夢と希望があるからこそ、どんなに辛い試練に見舞われようとも、自分を見失うことなく生きていけるのです。

辛い試練の中でも、自分の人生を大切にして生きたいと思う気持ちを、心理学で**「自己尊重感」**と呼びます。この「自己尊重感」が高い人が、逆境に打ち勝っていくのです。

自分の欠点よりも、自分の長所を意識しながら生きる

◆自分にもたくさんの長所があることに気づく

人間関係でも仕事でも、自分の欠点ばかりを強く意識してしまうタイプの人がいます。

誰かと話をしている時、

「私は口ベタだから、相手は私の話なんてつまらないと感じているに違いない」

「愛想のない私のことを、相手は不愉快だと思っているのではないか」

と、ネガティブな感情にとらわれやすいのです。

また、職場でも、

「仕事が遅い私を、周りの人たちは迷惑に思っているのではないか」

「またミスをしてしまった。同僚たちは、私なんて会社からいなくなってくれたほうがありがたいと考えているに違いない」

といった気持ちになってしまいます。

このように自分の短所ばかりに意識が向いてしまう人は逆境に弱く、ちょっとしたことで心が折れてしまいがちです。

タフな心を持ち、逆境に強い人間になるためには、「自分の短所を意識する」のではなく、**「自分の長所に注目する」心の習慣を持つ**ことが大切になってきます。

「私は口ベタかもしれないが、人の話をよく聞く。聞き上手であることで、かえって私は好感を抱かれることが多い」

「『愛想がない』とよく言われるが、じつは私は心が温かい人間なんだ」

「仕事が遅いが、それだけ私は慎重に仕事を進めている。私の仕事は確実性があると評価もされている」

「ミスもするが、それを挽回《ばんかい》するだけの成果を、私はあげている。じつは私みたいに、できる人間は他にはいない」

といったように**「自分の長所に注目する」ことを心がけることで、心がだんだんと強くなっていく**のです。

そして、逆境からはい上がっていく心の力がついてくるのです。

自分の欠点を受け入れられる人のほうが、逆境に強い

◆自分の欠点を受け入れた上で、「では、どうするか」を考える

人によって、自分の欠点を受け入れることができる人もいれば、自分の欠点を受け入れられない人もいます。

自分の欠点を受け入れられない人は、その欠点のために悩みます。欠点をコンプレックスに感じ、気持ちが消極的になり、周りの人たちともうまくなじんでいけなくなります。

何かうまくいかないことが起こったり、物事が思い通りにいかない事態に直面すると、「こんな欠点のある私は、どんなにがんばっても、この状況を乗り越えられるはずがない」と、すぐに悲観的な気持ちになってしまいます。

そういう意味では、「こんな欠点のある自分が嫌いだ」「こんな欠点は、なくせるものならなくしてしまいたい」と、欠点を受け入れずにいるよりも、むしろ欠点がある

ことを受け入れてしまうほうがいいのです。自分の欠点を受け入れた上で、ではどうやって満足のいく人生を実現させていくかと考えるほうがいいと思います。

古代ローマの詩人、ホラティウス（紀元前1世紀）は、**「自分に欠点があることを恐れ恥じれば、もっと悪い欠点に陥《おちい》る」**という言葉を残しています。

たとえば、ある人には「企画力がなく、月並みのことしか思いつかない」という欠点があり、そして、その欠点を恥じ、受け入れられないでいるとします。

その人はそのために、「消極的になって自分の殻《から》に閉じこもる」という、もっと悪い欠点に陥ってしまうのです。また、「意固地《いこじ》になって、人づき合いが悪くなる」という、さらに悪い欠点を抱え込むことになるのです。

そして、逆境において「忍耐力がなく、すぐにあきらめてしまう」という悪い欠点も身につけてしまうことになるのです。

ならば「企画力がなく、月並みのことしか思いつかない」という欠点を受け入れ、**「だったら自分はフットワークのいい人間になろう」「人脈を広げて、何か面白いことを思いつく人と協力し合っていこう」**と考えるほうが前向きに生きていけるのです。

自分の強みとは何かを自分自身でよく理解しておく

◆自分の強みが欠点を補う

逆境を乗り越えていく上で、「自分自身の強みとは何か」をよく理解しておくことが大切です。

「自分の強み」を知っておけば、逆境に陥《おちい》った時、その強みをフルに活用して逆境を切り抜けることができるからです。

「とにかくねばり強いことが、私の強みだ」という人は、そのねばり強さで逆境を乗り越えることができるでしょう。

「自分の強みは、広い人脈を持っていることだ」という人は、多方面の人たちの力や知恵を借りることによって、逆境を乗り越えていけるのです。

鎌倉時代の禅僧、無住《むじゅう》（13～14世紀）は、次のように述べています。

「たった一つでもいいから自分の強みを持っている人は、他に多くの欠点があっても、

それは生きていく上での障害にはならない（意訳）」というものです。

「ねばり強いことが、私の強みだ」という人には、他に「斬新な発想力がない」「機転がきかない」「どちらかと言うと不器用」といった様々な欠点があるかもしれません。

しかし、そんな欠点が障害となって、逆境を乗り越えられなくなるということはないのです。

「ねばり強い」という、たった一つの自分の強みを十分に発揮することができれば、欠点に関係なく、逆境を乗り越えることができるのです。

同様に「広い人脈がある」ということを自分の強みにしている人も、じつは他に多くの欠点があるかもしれません。

しかし、その「広い人脈」を十分に活用することができれば、それで欠点を補って、逆境を乗り越えていけるのです。

つまり、短所にばかり気を取られるのではなく自分の強みが何かを知り、その強みを生かすことができる人は、「逆境に強い」と言えるのです。

自分の弱みを気にするよりも、自分の強みを生かすことを考える

◆周りの人に「自分の強み」を教えてもらう

誰にでも「自分の強み」があります。

しかし、本人が自分の強みにまったく気づいていない場合も少なくありません。

次のような話を聞いたことがあります。

ある大学の野球部に、一人の選手が入部してきました。

彼は空振り三振がとても多い選手でした。彼自身そのことを気に病んでいました。

そして、試合では三振をしないように、ボールにバットを当てることばかりを意識してバッティングをしていました。

しかし、野球部のコーチは、「そのために彼は自分の強みを発揮できていない」と感じていました。

彼の強みは、ボールを遠くまで飛ばすことができることでした。

彼はホームランバッターだったのです。しかし、ボールにバットを当てることばかりを意識しているためにスウィングが小さくなり、ボールを遠くまで飛ばすことができるという、せっかくの強みを発揮できないでいたのです。

そこでコーチは、「三振してもいいから、ホームランを狙っていけ」とアドバイスしました。そのアドバイスに従った彼は、三振が増えたものの、ホームランをバンバン打てるようになり、その後チームの中心バッターになりました。

この選手のように、**人には自分の欠点ばかり強く意識してしまう傾向があるのです。**

そのために自分の強みを見失う場合も多いのです。

大切なのは「弱みを意識する」ことよりも、「自分の強みを生かす」ことです。

そのために、自分にはどのような強みがあるのか改めて考えてみることが必要です。

強みがわからない人は、周りの人たちに「コーチ役」になってもらって、自分の強みは何かアドバイスをもらうという方法もあります。

自分が見失っていたものを、人のアドバイスで気づくことも多くあります。

自分の強みに磨きをかける「日頃の鍛錬」をしておく

◆自分の強みは、磨いておかないと錆《さ》びる

逆境に強くなるためには、「自分の強みを知る」ことが大切です。

さらにつけ加えれば、**「日頃から自分の強みに磨《みが》きをかけておく」**ことが重要になってきます。

せっかくの「強み」も磨いておかないと錆《さ》びてしまうのです。

「錆びた強み」では、イザというときに使い物になりません。

戦国時代から江戸時代初期にかけて、剣豪として活躍した宮本武蔵（16～17世紀）は、**「一千日の間、稽古《けいこ》を続けることが『鍛《たん》』であり、一万日に及ぶまで稽古を尽くすことが『錬《れん》』である。つまり『鍛錬《たんれん》』とは、毎日毎日死ぬまで稽古を続け、剣の腕を磨き続けることである**（意訳）**」**という言葉を残しています。

「剣術が強い」ということが、宮本武蔵の強みでした。

しかし、武蔵は「武芸は毎日剣の腕を磨く稽古をしていないと、剣術の腕前が錆びついてしまって、イザという時に役立たなくなる」と言ったのです。

「アイディアマンであることが、僕の強みだ」と言う人がいます。

その人は、日頃から、発想力を磨いておく必要があります。

新聞や雑誌に目を通しいろいろな情報を集めたり、街中を散歩して今流行しているものを探ったり、様々なジャンルの人たちの話を聞いて好奇心を刺激しておくことが、「発想力を磨く」ことにつながります。

そういう努力を日頃から積み重ねているからこそ、逆境に陥《おちい》ったときに、それを切り抜けるいいアイディアが浮かんでくるのです。

「私の強みは、体力があることだ」という人は、日頃から適度な運動を行い、健全な生活を心がけておくことが大事です。

そういう日頃の努力があってこそ、体力で逆境を乗り切ることができるのです。

絶望的な状況では、あえて危険な打開策を試さなければならない時もある

◆勇気を持って行動すれば、危険は減る

中国のことわざに、**「死中《しちゅう》に活《かつ》を求める」**というものがあります。

「死中」とは、「絶体絶命の、絶望的な状況」を意味します。

「活を求める」とは、「どうにか打開策を探して、絶望的な状況から脱する」ことを表しています。

ただし、「活を求める」には、さらに深い意味があります。

ここには、**「あえて危険な、リスクが大きいことをする」**という意味もあるのです。

絶望的な状況であればあるほど、当たり前のことをやっていては、その状況から抜け出すことはできません。

安全策を取っていては、その状況から抜け出せないこともあるのです。

ですから、「あえて危険な、リスクが大きいことをしなければならない」と、この

中国のことわざは意味しているのです。

もちろん、危険な行動を取ることに不安や怖れを感じる人もいるでしょう。

しかし、絶望的な状況で、危険な行動を取ることに不安や怖れがあるからといって、何もしないでいれば、それこそ逆境を打開できないかもしれません。

「座《ざ》して死を待つ」ということわざもあります。

「絶望的な状況で何もせずに、ただ座っているのは、ただ最後の時がやって来るのを茫然《ぼうぜん》と待っているだけだ」という意味です。

この言葉も、裏を返せば、**「絶望的状況では、あえてリスクの多い打開策を試してみる必要も出てくる」**ということを意味しているのです。


大切なことは、危険やリスクを怖《おそ》れないということです。

勇気を持つということです。

怖々《こわごわ》とした気持ちで行動すれば、その危険がいっそう増すだけです。

「断じて行えば鬼神もこれを避《さ》く」ということわざもあります。

断固として果敢《かかん》に行動することが、危険を減らすこともあるという意味です。

第7章
楽観的に考えていく

必要以上の反省をするよりも、上手に割り切ってしまうほうがいい

◆「自分が悪かったから」と考えるのをやめる

物事が思い通りにいかない時、また思いがけない失敗をしてしまった時、人は誰でも精神的に動揺します。

落ち込んだり、悩んだりします。

ただし、そんなネガティブな感情から、すぐに立ち直って、また前向きに力強く生きていくことができる人もいます。

しかしながら、一方で、ネガティブな感情から抜け出せず、いつまでもクヨクヨと思いわずらってしまうタイプの人もいます。

心理学に**「自罰傾向《じばつけいこう》」**という用語があります。

何か悪いことが起こった時、

「自分の努力が足りなかったせいで、こんな事態になった。自分ほど愚かな人間は

いない」「私のミスのために、周りの人たちに迷惑をかけることになって、私は本当に情けない人間だ」といったように、その責任を自分一人で背負い込み、自分をみずから罰しようとする性格的な傾向を意味しています。

この「自罰傾向」が強い人ほど、ネガティブな感情からなかなか回復することができません。そのために、いつまでもクヨクヨと思いわずらってしまうケースが多いのです。

「逆境に強い人」になるためには、この自罰傾向を弱める必要があります。

そのためには**「自分が悪かったから、こんな事態になった」と考えることをやめるように心がける**ことが大切になってきます。

そして、「自分が悪かったから」ではなく、

「これは、どうしようもなかった。誰がやっても、同じ結果になっただろう」と、ある意味、割り切って考えるようにするほうが賢明なのです。

言い換えれば、**必要以上の反省をしない**ことです。

そのように割り切ってしまうことで、「今度はうまくやろう」と気持ちが前向きになってくるのです。

「失敗したら終わり」ではなく、「失敗してもやり直せる」と考える

◆人生は一回限りだが、失敗は何度でもやり直せる

人の人生は一回限りのものです。

また生まれ変わって、自分自身の人生を何度も経験することはできません。

しかし、その一回限りの人生の中で、「失敗しても、何度もやり直す」ことはできます。

発明王のエジソンは、白熱電球の発明に成功するまで、なんと何千回もの失敗を積み重ねたと言われています。

「失敗しては、やり直す。また失敗しては、やり直す」ということを何回も繰り返したのです。それだけエジソンは、情熱的な人間だったのです。

「逆境に負けない」という意味では、学ぶことの多い人物だと思います。

心理学には、**人は大きく分けて、「失敗しても、やり直せる」と考えているタイプの人と、「失敗したら、そこで終わり」と考えるタイプの人がいる**という考え方があ

ります。

そして、**「失敗しても、やり直せる」と考えているタイプの人は、多少の困難にめげることなく、ねばり強く努力を続けていくことができる人が多い**という、心理学の報告があります。

一方で、「失敗したら、そこで終わり」と考えるタイプの人は、ちょっとした困難にぶつかると、そこであきらめてしまう人が多いのです。その困難を乗り越えて、さらにがんばって前へ進んでいこう、という意欲が弱いのです。

ここで考えなければならないのは、**「失敗したら、そこで終わり」というのは、その人自身のたんなる思い込みにすぎない**という点です。

実際には「そこで終わり」ではないのです。

やろうと思えば、どのようなことであれ、「何度でもやり直す」ことができるのです。

もし「失敗したら、そこで終わり」という考えに縛られている人がいるとしたら、その考え方を切り替えて、「失敗しても、やり直せる」と考えるようにすることが大切です。

そのように意識を切り替えるだけで、今後の人生がすばらしいものになります。

完璧主義者は、危険な賭けをして我が身を滅ぼす

◆「思い通りにならない事態」を楽観的に受け入れる

「完璧主義的傾向の強い人」は、逆境に弱いタイプだと言えます。

心理学では、**「完璧主義者ほど『不完全に終わること』への不安感や恐怖感がとても大きい傾向がある」**ということが知られています。

そもそも完璧主義者は、「自分が逆境に立たされる」ということ自体が認められないのです。物事はいつも上手くいき、完璧に思い通りの結果にならないと気が済まないのです。

しかし、いい時があれば、悪い時があるのが、人の人生です。

完璧主義者であっても、何をやっても上手くいかない時、どうしても思い通りにいかない時があるのです。

完璧主義者は、自分がそのような「不完全な状況」に立たされることに強い不安感、

恐怖感を感じます。

そこで完璧主義者が取る手段は次の二つです。

・一発逆転を狙って、危険な賭《か》けに出る

・ズルイこと、悪いことをやって、結果を出す

たとえば、仕事で逆境に立たされます。

仕事は、うまくいく時もあれば、うまくいかない時もあります。

それは当たり前のことなので、あまり気にしないほうがいいのですが、完璧主義者は、「仕事がこのまま思い通りにならないと、大きな損失が出そうだ。そうなったらたいへんだ」と、必要以上に強い不安と恐怖を感じます。

そして、一発逆転を狙ってリスクが多い賭けに出たりすることがよくあるのです。

思い通りにならない事態に直面した時、**「それはそれでよし。また、そのうち、いい時期もやってくるだろう」**と楽観的に物事を考えればいいのです。

「完璧主義を捨て、楽観的に生きていく」ということも、逆境に強くなる一つのコツです。

逆境に陥っても、「この状況は長くは続かない」と信じる

◆人の集まりの中で孤立しても、楽観的な気持ちでいる

「会社の中で自分の考えや行動を理解してくれる人が一人もおらず、孤立してしまった時」

「友人たちから仲間はずれにされて、一人ぼっちになった時」

「自分の性格的な問題のために、周りのみんなから嫌われてしまった時」

このような状況に立たされると、多くの人は強い不安感を感じます。

ただし、このような状況の中でも、わりと楽観的に、たんたんと自分らしい生き方をしていける人もいます。

その一方で、思い悩んでしまって、ますます自分の殻《から》の中に閉じこもってしまうタイプの人もいます。

この両者の違いはどこから生じるのかと言えば、将来に対する意識の持ち方の違い

からくるものなのです。

心理学には次のような報告があります。

人の集まりの中で孤立してしまった時、**「近いうちに、この状況は変わる」**と考えることのできたタイプの人は、比較的楽観的でいられます。

しかし、「この状況は今後もずっと続く」と考えてしまうタイプの人は、深く思い悩んでしまう傾向が強いのです。

つまり、逆境に陥《おちい》った人間はこの二つのタイプに分けられるのです。「この状況は変わる」と考えることができるタイプと、「この状況がずっと続く」と思ってしまうタイプです。そして、「この状況は変わる」と考えることができる楽観的なタイプの人は逆境に強く、「この状況がずっと続く」と思ってしまう悲観的なタイプの人は逆境に弱い、と言えるのです。

会社の中で孤立することがあっても、やがて自分を理解してくれる人が現れてくるものです。**みんなから仲間はずれにされたり、嫌われたりすることがあっても、いずれはまたみんなから受け入れてもらえる時がやってきます。**

そう信じて、あまり思い悩まず、楽観的でいるほうが賢明です。

「人から嫌われたら嫌われたでしょうがない」と割り切る

◆「みんなから好かれたい」という思いを和らげる

実際には切羽詰まった状況ではないのですが、ささいな原因から自分で勝手に現実的ではない心配事を作り上げて、精神的に自分自身を窮地へと追い込んでしまうタイプの人がいます。

このような傾向を心理学では、**「微小妄想《びしょうもうそう》」**と呼びます。典型的なパターンとして、「微小妄想」には次の三つのものがあることが知られています。

- **罪業妄想《ざいごうもうそう》**
- **心気妄想《しんきもうそう》**
- **貧困妄想《ひんこんもうそう》**

「罪業妄想」は、人間関係においてよく起こります。

たとえば、友人にメールを送ります。しかし、すぐに返信メールが送られてきません。

それだけで、「私はあの人から嫌われているんじゃないか。だから、すぐに返信してくれないんじゃないか」と考えてしまいます。

また、「自分では気づかないうちに、私はあの人に悪いことをしていたのかもしれない。だから嫌われてしまったんだ」という強い罪悪感を持ちます。

実際には、嫌われているわけでもないし、自分が相手に悪いことをした事実もないのです。返信が遅れたのは、ただ単に相手がメールに気づかなかっただけかもしれません。

にもかかわらず、自分で勝手に妄想をふくらませて「嫌われた。どうしよう。辛い。苦しい。申し訳ない。自分はダメな人間だ」と、心理的に自分を追い込んでいくのです。

このようなタイプは、「みんなから好かれたい」という欲求が強い反面、一方で「自分には周りの人たちに好かれるほどの魅力はない」と、自分に自信を持てない人に多くいます。

このような妄想に陥《おちい》らないためには「みんなから好かれたい」という思いを少し和らげ、**「好かれたいけど、時には嫌われることもある。それはそれでしょうがない」**と、人間関係を割り切って考えるようにするのが効果的です。

病気を心配しすぎるから、かえって病気を招く

◆健康や死にあまり神経質になりすぎない

胃のあたりがちょっとチクチク痛んだだけで、「胃ガンかもしれない。もう手遅れかもしれない。たいへんなことになった」と大騒ぎする人がいます。

心臓がちょっとドキドキしただけで、「これは心筋梗塞《しんきんこうそく》の前触れに違いない。自分は近いうちに死ぬかもしれない」と、過剰に心配してパニック状態になる人がいます。

実際には、胃がんや心筋梗塞の心配などまったくないにもかかわらず、です。

このように、たいしたことはないのに、やたらに重い病気を心配して絶望的な気持ちになったり、自分の人生を悲観してしまうことを、心理学では**「心気妄想《しんきもうそう》」**と呼んでいます。

健康や死というものに対して、あまりに神経質になりすぎると、この「心気妄想」に陥《おちい》りやすくなります。

「病は気から」という、ことわざがあります。

これは、「余計な心配事で気をもんでいると、そのことが原因で病気になりやすくなる。また、現在かかっている病気が悪化する。したがって、気持ちを明るく持ち、余計な心配はしないほうがいい。そのほうが病気への免疫力が高まる」という風にも解釈できます。

もちろん、普段から健康に注意することは大切です。

しかし、健康や死というものにあまり神経質になりすぎず、**「人間は病気になる時には病気になる。死ぬ時には死ぬ」**と楽観的に考え、明るい気持ちで生きていくことが大事です。

気を楽に持つことで、たとえ体に不調なことがあっても、人生を前向きに生きていくことができるようになるのです。

能力があるのに、「自分には能力がない」と思い込む人がいる

◆自分に自信を取り戻し、楽観的に生きる

ニュース番組で「業績悪化の影響で、○○会社では社員100人をめどに自主退職を促す計画だということです」という同業他社の話を聞いただけで、「私も近いうちにリストラの対象になってしまうかもしれない。そうなれば収入がなくなる。どん底の貧乏生活になってしまうかもしれない」という心配をどんどんふくらませていって、挙句には、「リストラが心配で、仕事も手につかない」といった状態になってしまうタイプの人がいます。

現実的には、自分の働いている会社の業績は順調で、リストラなど実際に行われていませんし、その心配などまったくないのに、です。また、今現在お金に困っているわけではなく、十分な貯蓄があり、満足のいく生活を送れているにもかかわらずです。

このように、お金の心配をする必要などないのに、「お金を失って貧乏になってし

まうのではないか」ということを過剰に心配し、自分自身を見失ってしまう心理的傾向を、心理学では**「貧困妄想《ひんこんもうそう》」**と呼びます。

この「貧困妄想」には、自分の能力を過小評価しているタイプの人が陥《おちい》りやすいと言われています。

自分の能力に自信がある人であれば、たとえ現在の会社でリストラにあったとしても、「自分の能力を必要としている会社はいくらでもある。転職先に困ることはないだろう。路頭に迷うような生活になる心配もない」と楽観的でいられます。

しかし、自分の能力に自信がない人は、「今の会社から追い出されるようになったら、私にはもう行く会社がない。そうなったら一文無しの生活になってしまう」という心配がどんどん先走ってしまうのです。

ただし、本人が実際に「能力がない」というわけではないのです。

ただ**自分で「能力がない」と思い込んでいるだけ**なのです。ですから「妄想」に陥ってしまうのです。

自分自身にも立派な能力があることを再認識し、生きる自信を取り戻すことが重要です。

「失敗を生かす」気持ちが旺盛な人は何度失敗をしても心が折れない

◆失敗を笑い話にして、みんなを笑わせる

小説家である志賀直哉《しがなおや》（19〜20世紀）は、

「どんなに元気な人間でも、たびたび失敗を繰り返せば、そのうちに陰気になってやる気をなくしていく」という言葉を残しています。

このようなことは誰でも経験があると思います。

一度や二度の失敗であれば、たとえ落ち込んだとしても気持ちを切り替えて、「もう一度チャレンジしてみよう」と、前向きに考えることができます。しかし、三度、四度と失敗を繰り返していくうちに、「もう何をやってもムダだ」とやる気をなくしてしまうのです。

そのような心理傾向を、心理学では**「学習性無力感《がくしゅうせいむりょくかん》」**と呼んでいます。

このような「学習性無力感」に陥《おちい》らないための対策として、**「失敗は生かすことが**

できる」ということを知っておく必要があります。

昭和を代表する落語家に林家三平《はやしやさんぺい》（初代・20世紀）という人物がいました。

林家三平に、次のようなエピソードが残されています。

ある時、舞台に上がった三平は、足を踏み外して下に落ちてしまいました。

ふたたび舞台に上がった三平は、**「落伍《らくご》者の三平です」**と言って観客を大いに笑わせたと言います。それは「落伍者（下へ落ちた者）」と「落語家（三平さんの職業）」とをかけたシャレだったのです。

自分の失敗を笑い話にして、周りの人たちを陽気にすることができれば、それは「失敗を生かす」ということにつながります。

また、ある失敗から、「こういうことをすれば、上手くいかない。二度と同じ失敗をしないようにしよう」ということを学べれば、それも「失敗を生かす」ことになります。

このようにいろいろな意味で「失敗を生かす」という気持ちが旺盛な人は、度重なる失敗を繰り返しても、気持ちが無力感に陥ることはありません。

厳しい上司の叱り言葉など、軽く聞き流してしまうほうがいい時もある

◆叱り言葉など聞き流し、自分がやるべきことを進めていく

厳しい指導者から、いつもいつも叱られてばかりいると、その人はだんだんと「いくらがんばってもムダだ」という気持ちになっていきます。

そして、完全にやる気を失ってしまうのです。

このような心理傾向を、前述しましたが、心理学では**「学習性無力感」**と言います。

たとえば、ピアニストになることを夢見る子供が、ある先生についてピアノのレッスンをしているとします。

そのピアノの先生はたいへん厳しい人で、「また失敗した。どうして言われた通りにピアノが弾《ひ》けないのか」と、子供を叱ってばかりいます。

子供がいくらがんばって練習してきても、いつもいつも叱られてばかりなのです。

そのうちにその子供は「いくらがんばってもムダだ」ということを学習し、無力感

に陥《おちい》っていきます。

しかし、実際には、ピアノを上手に弾けた時もたくさんあったのです。ピアノの腕前は確実に上達していたのです。

これと似たようなことは、よく職場でも起こります。

たとえば、厳しい上司にいつも叱られているばかりいる部下です。いくらがんばってもその努力を認めてもらえず、「こんなことではダメだ」と叱られている部下は、そのうちにやる気を失っていきます。

こういうケースでは、**「本当に自分がダメだから叱られているのかどうか」を、自分自身でよく考えてみる**必要があります。

そして、本当はいい仕事もしているのに、**上司がただ厳しい人だからという理由だけで叱られているとわかれば、自分自身にそれほど自信を失わずに済みます。**

いい仕事をしていれば、もし上司から厳しく叱られることがあっても、それほど深刻に受け止めることなく、楽観的に軽く聞き流すことができるようになります。

そして、自分がやるべきことをたんたんと進めていくことができるのです。

人間には「どうしようもなかった」と、割り切ってしまうほうがいい場合もある

◆どうしようもなかった問題で、自分をあまり責めない

自分のミスや努力不足から生じる失敗があります。

しかし、一方で、自分の力ではどうすることもできない失敗というものもあります。たとえば、自然災害の影響を受けて、商売に失敗してしまう、というケースがあります。

自然災害は人間の予想がつかないものです。また、自分の力では防ぎようがありません。そのようなケースでは、「商売に失敗した」からといって、それは必ずしも「自分の責任」ではありません。

そこで「自然災害への準備を怠《おこた》っていた自分が悪かった」などとあまり思い詰めてしまうと、気持ちが落ち込んでいくばかりでしょう。

「どうしようもなかった」と上手にあきらめてしまうほうが、その逆境を乗り越え

ていく力もわいてくるのです。

とはいえ**人間は、自分に責任はない失敗であっても、それを「自分の責任」に結びつけて考える心理的な傾向が強い**のです。

心理学には、次のような報告があります。

両親が離婚した時、感受性の強い子供は「自分が悪かったから、お父さんとお母さんは離婚することになってしまった」と考える傾向が強いというのです。

実際は、両親の離婚には、子供はまったく関係ないのです。それはすべて夫婦間の問題であるのにもかかわらずです。

このタイプの子供は、「それは自分にはどうしようもなかった」という考え方ができないのです。身近に何か問題が生じた時、それをすべて「自分に責任があること」と考えてしまう傾向が強いのです。このような心理傾向が、大人になっても残っているのです。

「責任感が強い」ということは必ずしも悪いことではありません。

しかし、**自分の責任をはるかに超える出来事に対しては、「どうしようもないことだった」と割り切ってしまうほうが、上手に気持ちを切り替えられます。**

第8章
自分自身を励ましていく

心がくじけそうになった時の、自分ならではの決まり文句を用意していく

◆「セルフトーク」で、気持ちを前向きにする

逆境に陥《おちい》った時の心理術の一つに「セルフトーク」があります。

「自分で自分自身に言葉をかけること」です。

以前からスポーツの世界で盛んに行われてきました。

たとえば、野球です。

ピッチャーが、9回裏、ここでヒットを打たれたらサヨナラ負けしてしまうという窮地に立たされたとします。

当然ながらそのピッチャーは、強い緊張感を覚えます。

「もしヒットを打たれたら、どうしよう」という不安感も高まります。

そんな緊張や不安から、本来の能力を発揮できないことにもなりかねません。

そのような状況で、自分自身に**「落ち着け」「絶対にだいじょうぶ」**といった言葉

を語りかけるのです。

これが**「セルフトーク」**です。

「セルフトーク」を行うことによって、緊張感が和らいだり、不安が軽減されるという心理効果が得られます。

この「セルフトーク」は現在、スポーツの世界のみならず、ビジネスマンや個人事業主といった一般の人たちの間でも盛んに行われるようになってきています。

仕事や日常生活の中で、何か困った事態に直面した時に、「セルフトーク」を行うことによって、冷静さを取り戻したり、弱気な気持ちを振り払うことに役立てるのです。

人によっては、自分ならではの「決まり文句」を作っています。

「君ならできる」「だいじょうぶ、だいじょうぶ」といった自分なりの決まり文句を作って、心がくじけそうになった時にその決まり文句を自分に言い聞かせるのです。

また著名人の名言を、自分の「決まり文句」にしている人もいます。西郷隆盛や坂本龍馬などが残した言葉を覚えておき、弱気になった時につぶやいてみるのです。

自分なりに工夫して「セルフトーク」を習慣にするのがいいと思います。

自分がたくさんの試練を乗り越えてきた事実を思い起こす

◆過去の成功体験を自分自身に言い聞かせる

前述したように、逆境に陥《おちい》った時に人が感じる不安、心配、恐怖といったネガティブな感情を取り払い、冷静さや勇気を取り戻す方法に**「セルフトーク」**があります。

逆境に強い人というのは、意識的に行っているにせよ、無意識のうちにやっているにせよ、苦しい状況の中で上手に「セルフトーク」の心理効果を活用していると思います。

では、どういう場面で、どういう言葉を自分自身に語りかければ、「セルフトーク」の心理効果が大きくなるのでしょうか。

それを理解するためには、ひと口に「セルフトーク」とはいっても、いくつかの種類と方法があることを知っておくことが大切です。

・失いそうになった自信を取り戻すためのセルフトーク

・怒っている相手にパニックを起こさないためのセルフトーク
・混乱する気持ちを落ち着かせるためのセルフトーク
・本番でガチガチに緊張した時のセルフトーク
・あえてネガティブな言葉を口にするセルフトーク

それぞれ実践的に役立つ「セルフトーク」だと思います。

中でも、自信を取り戻すためのセルフトークが重要です。

逆境に陥ると、人はつい自信を失いそうになります。

「自分はもうダメなのではないか」「自分の力では乗り越えられないのではないか」という不安が頭をよぎるようになるのです。

このようなケースで、「自信を取り戻すセルフトーク」があります。

そのコツは、**自分がこれまで経験してきたことを思い起こす**というものです。

「これまでいくつもの試練を乗り越えてきたじゃないか。今度の試練もきっと乗り越えられる」といったセルフトークです。

過去に自分がたくましく試練を乗り越えてきた事実を自分自身に言い聞かせることによって、失いそうになっていた自信を取り戻すことができます。

怒って文句を言ってくる相手に、パニック状態にならずに済む方法

◆「この人、なぜ怒ってるんだ?」と、心の中で言う

取引先から強い口調でクレームをつけられたり、お客さんから激しく文句を言われたために、精神的にパニック状態になってしまうことがあります。

上司から、みんなの見ている前で怒鳴り散らされるような叱られ方をされた時も、やはり精神的にパニック状態を起こしやすいのです。

そのために、何をどう答えたらいいかわからずに、的確な対処ができなくなってしまう場合もあります。

このようなケースで、パニック状態を解消し、冷静に状況を理解することに役立つ「セルフトーク」があります。

それは**「相手の心を読むセルフトーク」**です。

「この人は、なぜこんなに怒っているんだ?」

「この人は私に、いったい何をしてほしいと考えているんだ？」

「課長はふだんは大人しい人なのに、今日はいったいどうしてしまったのだろう？」

このように自分自身に問いかけることによって、冷静な理性を取り戻すきっかけを作れるのです。

もちろん、このケースでは、「口に出して言う」ことはできません。相手に聞こえてしまう危険があります。あくまでも心の中で言うことです。

また、**相手の様子を観察し、それを自分自身に言い聞かせる**、という方法もあります。

「この人、しゃべり方が芸能人の誰かに似ている気がする」

「課長のネクタイ、ちょっと曲がっているぞ」

「イヤな人だ」とか「こんな人、嫌いだ」といった、相手への感情を交えた言葉をセルフトークするのではなく、あくまで相手の様子を客観的に自分に言い聞かせることが大事です。

この方法でも冷静さを取り戻すことができます。

「楽観的な言葉」が、混乱した気持ちを落ち着かせてくれる

◆見えるもの、聞こえるものを、ただ口にして言う

切羽詰まった状況に追い込まれると、人はどうしても精神的に混乱してしまいます。頭の中が真っ白になって、どうすればいいのか的確な判断ができなくなってしまうのです。

そのような状況で、混乱した気持ちを落ち着かせることに有効な「セルフトーク」の言葉があります。

「だいじょうぶ」
「どうにかなるさ」
「命まで取られるわけじゃない」
「まだまだ余裕だ」
「気にしない、気にしない」

この際のポイントは、なるべく**「楽観的になれる言葉」を自分自身に言い聞かせる**ということです。

このようなケースでは、自分をふるい立たせるような強い言葉は、かえって逆効果となって精神的な混乱をエスカレートさせてしまうことが多いのです。

また、**目に見えるもの、耳に聞こえるものを、そのまま口に出して言う**、という方法も、混乱した気持ちを落ち着かせるのには効果的です。

「今日はいい天気だな」
「風が吹いている」
「電車が通り過ぎて行くのが、窓から見える」
「鳥が鳴いている」
「トラックのエンジン音が聞こえる」

このように、ただ見えるもの、聞こえるものを感情を交えずに口にして言うだけで、ずいぶん気持ちが落ち着いてくるものです。

本番にのぞむまでの努力を思い出して、緊張感をほぐす

◆いい緊張感を作り上げて、十分に能力を発揮する

重大な場面でガチガチに緊張して、頭の中が真っ白になってしまう、ということがあります。

緊張した状況で冷静さを取り戻す意味でも「セルフトーク」は役に立ちます。

こういうケースでは、**これまでしてきた努力を、改めてもう一度自分で確認すること**で、気持ちが落ち着き冷静さを取り戻せます。

「このプレゼンテーションにのぞむために、これまで毎日2時間、ロールプレイングのトレーニングをしてきたんだ。人事は尽くした。後は天命を待つ心境で本番にのぞめばいい」

「今回のスポーツ競技で優勝するために、人一倍努力を重ねてきたんだ。やることはやった。あとは勝利の女神が自分にほほえんでくれるのを祈るだけだ」

緊張感には、いいものと、悪いものがあります。まったく緊張しないよりも、適度な緊張感を持っているほうが、自分の能力を十分に発揮できます。

しかし、その緊張感が強くなりすぎて、「頭が真っ白になる」「足がガクガクふるえる」「ガチガチになって身の動きが思い通りにならない。言葉をうまくしゃべれない」という状態になってしまうと、自分の持っている能力を発揮できません。

自分の人生の将来が決まってしまうような大事な場面に立たされた時には、緊張感が強くなりすぎて能力を発揮できなくなる危険性も高まりますから、注意しておく必要があります。

そんな「人生の大事な場面」に立つ時には、当然のことながら、事前に相当の準備や練習など、様々な努力を積み重ねてきたはずです。

その努力のことを思い出して、**「これだけ準備や練習に時間を費やし、がんばってきたのだから、だいじょうぶ。うまくいく」**と、セルフトークすることで、過剰になった緊張感がほぐれ、いい緊張感になってくれるのです。

そして、自分の能力を存分に発揮できる心理的な環境が整うのです。

ネガティブな言葉をあえて言うことで、心が楽になる場合もある

◆どうしようもない時は、あえてネガティブな言葉をつぶやく

物事が思うようにならず、ムシャクシャした気持ちが爆発しそうになっている時、あえてネガティブな感情を言葉にして言うことで、気持ちが楽になり冷静さを取り戻すことができる場合もあります。

「やってられないよ」
「ああイヤだ、イヤだ」
「もうヘトヘトだ」
「冗談じゃないよ」

なぜ、このようなネガティブな言葉でセルフトークすることが有益な場合があるかというと、そのことで心の中にある「やってられない」「ああイヤだ」という感情を外へ吐き出すことができるのです。

そのようなマイナスの感情を吐き出すことで、考え方も変わってきます。

「やってられないよ。**しかし、これを乗り切れば、自分の評価がグンと高まる**」

「ああイヤだ、イヤだ。**でも、ここでがまんすれば明るい未来が開ける**」

「もうヘトヘトだ。**でも、あともうちょっとだ。ここを乗り切れば楽になる**」

「冗談じゃないよ。**しかし、苦労しているのは自分だけじゃない。他のみんなも苦労しているんだから、自分だけが甘えたことは言えない**」

と、前向きな考え方に気持ちが切り替わるのです。

マイナスの感情を外へ吐き出せず、いつまでも抱え込んでしまう人は、「やってられない」「ああイヤだ」という思いから先へ進むことができないのです。

「これを乗り切れば〜」ということに思いが及ばず、「やってられない」という状態にいつまでも留まってしまうのです。

いろいろな「セルフトーク」を試してみて、どうしても気持ちが前向きにならないという場合には、ネガティブワードを試してみてもいいと思います。

苦しい状況を乗り越えるきっかけをつかめるかもしれません。

過去の成功体験を思い出すことで、自信と勇気を取り戻すことができる

◆過去の成功体験、苦難を乗り越えた経験を思い出す

逆境を乗り越える方法の一つに、**「過去の成功体験を思い出す」**というものがあります。

今、仕事で行き詰まって窮地に立たされているとします。

そのような時に、

「そう言えば、この会社に入った当初、先輩社員たちを上回るいい成績を上げて、上司からずいぶんほめてもらった」

「以前担当していた仕事では、大きな商談をまとめて、社長から特別に表彰された経験がある」

といったような「過去の成功体験」を改めて思い出してみるのです。

そうすることで、自分自身の能力に自信を持つことができ、

「今、必ずしも仕事はうまくいっていないが、私にはこの窮地を乗り越えていけるだけの能力があるはずだ」という勇気を得ることができるのです。

また、多くの人の場合、「行き詰まる」「窮地に立たされる」という経験は、これが初めてではないと思います。

おそらく過去にも同じような状況に立たされた経験があるでしょう。

そして、その困難な状況を乗り越えてきた経験を持っているのです。

そのような「過去の困難な状況を打破してきた経験」を思い出すことでも、自信と勇気を得ることができます。

「今回も、必ずこの窮地を打破してみせる」という闘志もわいてくるのです。

思い出すのは「仕事以外のこと」でも構いません。

「子供の頃、夏休みの宿題を一生懸命にやって先生にほめられた」

「受験勉強でくじけそうになった時もあるが、どうにか乗り越えて希望する大学に合格できた」

といった成功体験を思い出すことも、自信と勇気を取り戻すきっかけを作ってくれます。

逆境を乗り越えるきっかけになった経験を覚えておく

◆昔と同じ方法で、また逆境を乗り越える

人生にはターニングポイントがあります。逆境にもターニングポイントがあります。**「ある時点での経験がきっかけになって、逆境を脱することができた」**という場合が多いのです。たとえば、

「たまたま出席したパーティで、ある人と面識を得たことがターニングポイントになった。その人がいろいろといい話を持ってきてくれて、おかげで窮地を切り抜けられた」と言う人もいます。

「ある歌手から、心にたくさんの元気をもらった。あの歌手の歌に出会えなかったら、逆境を乗り越えられなかったかもしれない。あの歌手の歌を聞いたのが、ターニングポイントだった」と話す人もいます。

「お寺である僧侶の説話を聞いたことがターニングポイントになった。辛い気持ち

から解放されるきっかけになった」と述べる人もいます。

そのような経験を、よく覚えておくといいと思います。

この先また逆境に陥《おちい》るようなことがあった時、どうやって逆境から脱すればいいのかを考える時の参考になるからです。

以前、逆境を脱するターニングポイントになった経験を、もう一度試すということです。

「人との出会い」がターニングポイントになったという人は、また苦しい状況に見舞われた時は、新たな人との出会いを求めてパーティや会合に積極的に出席すればいいでしょう。

「歌手の歌」がターニングポイントになったという人は、また落ち込むようなことがあった時は、歌によって気持ちをふるい立たせることを考えればいいでしょう。

「僧侶の説話」がターニングポイントになったという人は、また辛い気持ちになった時には、僧侶の説話で心を癒すことができるでしょう。

昔ターニングポイントになった経験をもう一度試すことによって、また同じように逆境を乗り越えることができる場合もあります。

逆境経験が、生きていくための貴重な財産になる

◆「自分が経験している逆境を本にする」という夢を持つ

日本の小説家に広津柳浪《ひろつりゅうろう》（19～20世紀）という人物がいます。

彼は次のような言葉を残しています。

「私の経歴は失敗に次ぐ失敗の連続だった（意訳）**」**というものです。

彼が生まれたのは幕末時代の長崎県です。子供の頃悪いことをして父親を怒らせ、家から追い出されて親戚の家に預けられてしまいました。

その後、彼は東京へ行き、医者になることを目指して現在の東京大学の医学部に入学しました。

しかし、病気にかかり途中で退学せざるをえなくなります。

その後、明治政府の官僚になりますが、仕事熱心でなかったために免職《めんしょく》になりました。

経済的にも苦境に立たされ、社会の底辺をはいずり回るような生活でした。

まさに失敗に次ぐ失敗、逆境に次ぐ逆境の人生だったのです。

しかし、彼は、その人生の失敗や逆境で経験したことをもとにして小説を書き、その小説が認められたことで、小説家として成功するのです。

この広津柳浪などは、この逆境経験がなかったら、おそらく小説家として世に出ることはなかったのではないでしょうか。

また、作家には、この広津柳浪に限らず、みずからの逆境体験を小説やエッセイにして成功した人間が数多くいるように思います。

そう考えていくと、作家にとって「逆境体験」は貴重な財産となるのです。

作家でなくても、「逆境体験」が将来、いつどのような形で役立つ時が来るかわかりません。

「今、自分が経験をしていることを、いつか本にまとめて小説家デビューするぞ」

といった野心を抱くことも、逆境を乗り越えるための心の支えになると思います。

人生の行き詰まりが、新しい人生への展開を生み出す

◆行き詰まりを「終わり」にしないための条件がある

小説家である吉川英治（19～20世紀）は、

「行き詰まりは、新しい展開の第一歩である（意訳）**」**という言葉を残しています。

行き詰まりは「終わり」ではないのです。

じつは新しい人生の始まりなのです。

そして「行き詰まり」を経験した後に始まる新しい人生は、以前の人生よりもより充実したものになるのです。

ただし、新しく充実した人生へ向かって「第一歩」を踏み出すためには、いくつかの条件が必要になってきます。

・逆境から「仕事のノウハウ」や「人生にとって大切なこと」など多くのことを学

び取る精神を持つ。

・逆境にある時、自分を支えてくれた人たちに感謝し、今後もその人たちとの関係を大切にしていくことを誓う。

・逆境の中でもがき苦しんだ経験をもとに、今後は自分に謙虚に、まじめに、誠実に生きていこうと思う気持ちを持つ。

・自分が生きていることの意義を改めて考え直し、今後は自分の与えられた人生をさらに大切に生きていこうと考える。

このような精神を持ってこそ、「行き詰まり」を経験した後に始める人生へ向かって力強く第一歩を踏み出せるのです。

また、「行き詰まり」を経験した後に始める人生を、より豊かな実りあるものにできるのです。

もし、このような精神を持っていなかったとすれば、それこそ行き詰まりが「終わり」になってしまうかもしれません。

言い換えれば、行き詰まりを「終わり」にしないための参考として、ここにこの四つの精神的な条件を掲げました。

第9章 人間関係を大切にする

人間関係のつながりが、窮地から自分を救ってくれる

◆人間関係の輪を広げておく

逆境に陥《おちい》った時、身近に自分を支え、応援し、励ましてくれる人がいると、精神的にとても楽になるものです。「がんばろう」という意欲も生まれ、また勇気もわいてきます。

そういう意味で、逆境に強い人になるためのポイントの一つに、「人間関係のつながりを作っておく」ということが挙げられます。

たとえば、自分で始めた商売がうまくいかず困っているとします。

そのような時、人間関係のつながりがある人は、「こうしたら、いいんじゃないか」とアドバイスしてくれる人が現れます。

「ここが辛抱のしどきだよ。がんばって」と励ましてくれる人も現れます。

「資金に困っているんなら、できる範囲で何とかするよ」と、援助を申し出てくれ

る人も現れるかもしれません。

「会って損がない人がいるんだ。紹介するから、会ってみれば」と、新たな人脈をもたらしてくれる人も現れるでしょう。

このように人間関係のつながりがある人は、問題が生じた時にいろいろな意味で助けになる人が現れるのです。

では、どのようにして人間関係のつながりを広げていけばいいのでしょうか。

「情けは人のためならず。めぐり巡って己《おのれ》のために」ということわざを参考にするのがいいと思います。

つまり、普段から、周りの人のために協力を惜《お》しまないことです。

他人のためになることをするのは、「その人のため」になるばかりではないのです。

自分が困った状況に立たされた時には、以前に自分が協力したことがある人が、「私にできることがあれば何でも言ってください」と協力を申し出てくれます。

ですから、人のために協力しておくことは、「自分のため」でもあるのです。

普段から人のために協力を惜しまない人は、自然に人間関係のつながりが広がっていきます。

イザという時に、周りの人たちが救いの手を差し伸べてくれる人物とは？

◆周りの人たちから尊敬を集める生き方をする

古代ローマの喜劇作家、プブリウス・シルス（紀元前1世紀）は、

「人の尊敬を集めるということは、たくさんの金銭を集めることよりも、その人にとっては、はるかに貴重な財産になる」という言葉を残しています。

この言葉を理解するために、次のような日本の昔話を紹介します。

昔、ある村に二人の医者がいました。

一人の医者は、まともに治療代を払えない貧乏な病人たちにも、頼まれれば誠心誠意治療をほどこしていました。ですから、この医者は村人からとても尊敬されていました。

もう一人の医者は、治療代を払えない病人の治療など断っていました。お金持ちしか治療しませんでした。ですから、その医者はたくさんのお金を持っていましたが、

村人からは軽蔑されていました。

ある時「尊敬されている医者」が重い病気にかかりました。村人たちは心配して、栄養のある食べ物を持ってきたり、みんなでその医者の看護を献身的に行いました。そのかいもあって、ほどなく「尊敬されている医者」は回復して元気になりました。

その後、「軽蔑されている医者」も重い病気にかかりました。しかし、「軽蔑されている医者」のために何かしてあげようという村人はいませんでした。

「軽蔑されている医者」は、ほどなく亡くなってしまいました。


この昔話も、プブリウス・シルスの言葉にある通り、「人の尊敬を集める」ということが、いかにその人にとって「貴重な財産」になるかということを物語っているのです。


一般の社会においても同じことが言えます。**周りの人たちのために普段から献身的に生きている人は、多くの人から尊敬の念を集めます。**

そしてその人が逆境に陥《おちい》ったような時は、周りの人がその人を救ってくれるのです。

困った時に相談できる「互助」のつながりを作っておく

◆お互いに助け合いながら生きていく

山梨県は健康寿命が長い地域としてよく知られています。

「健康寿命」とは、日常的に介護を受けることなく、自立して生きていける期間のことです。

つまり、山梨県は「元気で長生きする人」が多いということです。

栄養学や医学など、様々なジャンルの専門家たちが、その理由について研究しています。

その理由の一つとして、山梨県に古くからある「結《ゆい》」の存在に注目する専門家もいます。

「結」とは、いわゆる「互助組織」です。地域の自治会のような存在ですが、一般的な自治会よりも人間的な繋がりが強いのが特徴です。みんなで助け合って田植えや稲刈りの共同作業をしたり、あるいは地域の警備や消防活動なども行います。

また、日頃からひんぱんに集まって、困った事がある人がいたら、みんなで悩みを聞いてあげ、みんなで協力して問題を解決してあげるのです。

その結果、「結」に加わっている人には、「逆境に陥《おちい》るようなことがあっても、みんなが助けてくれるからだいじょうぶ」という安心感があるのです。

その安心感が精神的なストレスを和らげることに役立ち、その結果、健康寿命が長くなっているのではないかと言う専門家もいるのです。

山梨県では今でも、各地域にそのような「結」がたくさんあり、盛んに活動していると言います。

都会に暮らす人たちも「結」のような人間関係のつながりを作っておくことはとても大切です。友人や仕事や趣味の仲間、また親類や知人などを中心にして作る、いわゆる「互助会」です。
そのような**人的なつながりがある人は**、困った**状況に見舞われても相談できる人が身近にたくさんいますから、安心して生活していけるのです。**

感謝の気持ちが、窮地を脱するきっかけを作る

◆自分に厳しい人に感謝してみる

「人に感謝する」ということで、**窮地から脱することができる場合があります。**

ある若い女性は、勤めている会社の人事異動で、営業部から経理部へ配置転換になりました。しかし、そこから彼女の地獄の日々が始まったのです。

経理部の上司が仕事にとても厳しい人だったからです。

ちょっと仕事が遅れただけで、強い口調で叱られます。指示通りに仕事ができていなかったり、ミスや間違いが見つかれば、散々説教をされます。

彼女は精神的に追い詰められて、その上司に叱られている夢を見て毎晩うなされるようになってしまいました。

「また今日も上司から叱られるのか」と思うと、会社に行くのもイヤになってきます。

しかし、彼女は、**考え方を変えることによって、気持ちがだいぶ楽になった**と言い

ます。

当初彼女は、厳しい上司を「あんな人、嫌いだ。あの人の顔なんて見たくない」と毛嫌いしていたのです。

しかし、ある本を読んでから、「自分に厳しくするのは、自分に期待してくれているからだ。厳しくしてくれるおかげで、自分の能力は格段にアップしている。ありがたいことだ」と感謝することを心がけたのです。

また、その上司にも直接、「叱ってくれて、ありがとうございます。いい勉強になりました」と、感謝の言葉を伝えるようにしたのです。

その結果、気持ちが楽になったばかりか、上司の態度も変わりました。

頭ごなしに叱りつけるのではなく、おだやかな口調でていねいに教えるという態度に変化したと言います。

彼女は今、経理部で楽しく仕事をしています。

イギリスのことわざに、**「感謝は、未来に活かされる徳行である」**というものがあります。

感謝することを心がけることで、窮地を脱し、明るい未来が開けてくるのです。

親の心が折れそうになった時、子供たちが親の心の支えとなる

◆自分は部下や子供に支えられている

職場の上司であれば、「上司である自分が、部下たちの支えとなっている」と考えます。子供たちの親であれば、「子供たちは、親の支えがあってこそ育っていける」と考えます。

それはそれで事実なのでしょうが、その上司自身が逆境に陥《おちい》った時、親自身が心が折れそうになった時、上司や親を支えるのは部下であり、子供たちであるのかもしれません。

18～19世紀のスイスの教育者にペスタロッチという人物がいます。

このペスタロッチは、二十代の時、貧しい農民を救うために農業支援事業を始めます。

しかし、その事業に失敗してしまいます。

その後、ペスタロッチが始めたのは孤児院でした。当時、ヨーロッパ全体の戦乱の

中で、たくさんの孤児が生まれていたのです。そんな孤児を救うための施設です。

しかし、農業の事業に失敗した後のペスタロッチには十分な資金がありませんでした。そのため教師や施設の使用人を雇えず、ペスタロッチ一人で教師役も使用人役も務めていました。そのために非常に忙しく、朝から夜まで働き詰めです。夜もまともに寝ている時間もない有様でした。そんな苦しい生活の中でペスタロッチを支えていたのは、じつは施設に集まった孤児だったのです。

ペスタロッチは、次のような言葉を残しています。

「私は家族も援助者も使用人も持たず、ただ子供たちだけに支えられていた」

ペスタロッチは初めは孤児たちの生活を支えるために孤児院を設立したのです。しかし、いつの間にか、そこに集まった子供たちの笑顔や元気に走り回る姿が、自分自身の心の支えになっていたことに気づいたのです。

このように、部下が上司自身の心の支えになっている場合もあると思います。子供が親の心の支えになっている場合もあるでしょう。

その意味では、**上司や親はいっそう、部下や子供たちとの関係を大切に思っていく必要がある**と思います。

逆境にある自分をバカにしてくる人に、どう対処するか？

◆「反面教師として勉強させてもらった」と考える

この世の中で、必ずしも、いい人ばかりに出会うとは限りません。

心がやさしい人、自分のために協力してくれる人ばかりに出会うとは限らないのです。

時には、意地悪な人と出会う時もあります。

やさしさなどない、冷たい人が現れる時もあります。

特に自分が逆境にある時は、そういうものです。

苦しんでいる自分の姿を見て、「ざまあ見ろ。いい気味だ」とバカにするようなことを言う人もいます。

うまくいっていない自分を見て、「あなたとつき合っていても、得になることはなさそうだから、もうあなたとはつき合いません。さようなら」と去っていく人もいます。

そんなふうに周りの人からバカにされたり、説教されたり、冷たい仕打ちを受けたりすれば、逆境にある自分自身がさらにミジメに思えてきます。

「どうにかして、この苦しい状況から抜け出さなくてはならない」という闘志も消えてしまいます。

そうならないためには、**意地悪な人、冷たい人にどう対処していくか考えておく必要もありそうです。**

その場合、大切なことは、いちいち腹を立てないことです。感情を乱さないことです。

昭和時代、歴史小説の作家として活躍した吉川英治の言葉が参考になります。

それは**「自分以外の人たちは、みな自分の教師である**（意訳）**」**というものです。

意地悪な人、冷たい人であっても、「自分の教師」にすることができます。

冷たくされた時は、「人が苦しい思いをしている時に、相手にこういう振る舞いをしてはいけない。自分が逆境にある時には、こういう振る舞いは絶対にしないようにしよう」という人生の教訓を教えてもらった、と考えればいいのです。

「勉強させてもらった」と考えることで、前向きに、冷静に対処できるのです。

いったん怒ると、怒りはどんどんエスカレートしていく

◆「腹が立っても、怒らない」と決めておく

物事がうまくいかなくなった時によく起こるのが「責任のなすり合い」です。

「あなたが悪いから、こうなった」「いや、私たちが逆境に陥《おちい》った責任はあなたのほうにある。あなたが悪い」と、お互いに相手を非難し合うことです。

会社の業績が悪化して先行きの見通しが悪くなれば、「社長が悪い」「いや、現場の社員たちに責任がある」「営業が悪い」「いや商品企画の人間たちが一生懸命にやっていないんだ」と、責任のなすり合いが始まってしまうこともあります。

家庭でも責任のなすり合いが起こります。

家計のやり繰りがうまくいかなくなれば、「あなたの稼ぎが悪いから、生活が苦しくなるのよ」と妻は夫を非難し、夫は妻を「おまえがムダ遣いするから、家計が苦しくなるんじゃないか。悪いのは、おまえだ」と言い返します。

しかし、怒りに任せて大声を出し、そうやって責任のなすり合いをしていても、何の解決にもなりません。

大切なことは、お互いに冷静になって、「会社の経営をどう立て直すのか」「家計のやり繰りをどうやっていくか」を話し合うことです。冷静に話し合ってこそ、この逆境を抜け出す解決策を見つけ出すことができるのです。

そのためには、まず**相手に対して「怒らない」ということを心がける**ことが重要です。

心理学では**「怒りのエスカレーション」**という現象が起こることが知られています。

「いったん怒ると、さらに怒りを呼び、怒りという感情がどんどん大きくなっていく」という現象です。

この「怒りのエスカレーション」という現象は一度発生すると、会社の会議も、家庭での夫婦の話し合いも、激しいののしり合いになって収集がつかなくなってしまいます。

ですから**初めから「怒らない」ということを各自が心に決めて、話し合いにのぞむ**ことが大切になってきます。

感情的にならないからこそ、いい話し合いができるのです。

いいライバルの存在が、くじけそうになる心を支えてくれる

◆いいライバルを持って、お互いに励まし合っていく

ライバルも、また、たくましく生きていくための「心の支え」になります。

仕事のライバル、商売のライバル、恋のライバルなど、人には様々なライバルがいます。

そんなライバルの存在が、逆境に陥《おちい》った時、**「こんなことで負けてたまるか。あの人に負けないようがんばるんだ」**と、自分自身の心をふるい立たせてくれるのです。

戦国時代、武田信玄《たけだしんげん》（16世紀）と上杉謙信《うえすぎけんしん》という二人の武将がいました。

信玄は甲斐《かい》、現在の山梨県を領地としておさめていました。

謙信は越後《えちご》、現在の新潟県を支配していました。

二人は共に天下を狙うライバルであり、また領地争いを繰り広げる敵同士でもありました。

信玄と謙信は実際に何度も戦《いくさ》をしました。

ただし勝負はつかず、いつも引き分けでした。

その信玄が志半《こころざしなか》ばで病死した時、謙信はその知らせを聞いて、**「いい敵を失った。残念だ」**と、深く嘆《なげ》いたと言われています。

戦国武将にとって、敵が先に死んでくれるのは、本来であれば喜ばしいことなのです。

しかし、謙信は信玄の死を喜びなどせず、深く嘆いたというのです。

謙信の心には、「信玄といういいライバルがいたからこそ、逆境に陥った時に『信玄に負けたくない』という思いで、くじけそうになった心を立て直すことができた。その意味では、信玄は敵でありながら、いいライバルでもあった」という思いが強かったのです。

いいライバルは、たんなる「敵」ではないのです。

いいライバルは、自分の心を支えてくれる「いい相手」でもあるのです。

そういう意味では、ライバルをただ「やっつける」ことばかり考えるのではなく、**ライバルとの関係を大切にしていく**ことも「逆境に強い人」になる一つのコツです。

自分の苦手な部分をカバーしてくれる人をパートナーにする

◆自分を補佐してくれる人と協力していく

企業の創業者には、すぐれた補佐役がいるものです。

そして、補佐役と二人三脚で協力し合いながら、会社の業績を伸ばしていくというケースが少なくないのです。

たとえば、自動車メーカーのホンダの創業者である本田宗一郎には、藤沢武夫というすぐれた補佐役がいました。

本田宗一郎は、藤沢武夫とまさに二人三脚でホンダを世界的な企業に育て上げていったのです。

本田は根っからの技術屋で、自動車やオートバイの技術開発には天才的な才能を発揮しました。

しかし、営業面に関しての才能はあまりありませんでした。

それを補ったのが、藤沢です。

藤沢は、本田が開発した自動車やオートバイを世界中のお客さんに販売するという面で会社に大きな貢献を果たしたのです。

ある意味、本田の苦手な部分を、藤沢がカバーしたのです。

このような創業者の苦手な部分を補う、すぐれた補佐役を得ることが、企業を発展させる一つの条件でもあるのです。

人は誰でも「苦手な部分」を持っています。

その**「苦手な部分」をカバーしてくれる補佐役を持つことも、逆境を乗り越えていくためには重要です。**

たとえば夫の苦手な部分をカバーしてくれる妻がいる夫婦は、逆境に強い家庭を作り上げていくことができます。困難に見舞われても、家庭が崩壊することはありません。

仕事でも家庭でも、何事においても、**自分の苦手な部分は何かを自覚する**ことが必要です。

そして、**それを補ってくれる人をパートナーにする**ことも、「逆境に強い人」になるためのコツの一つです。

日頃から大事にしてきたお客さんが、逆境での心の支えになる

◆お客さんを大事にして商売をしていく

商売をやっている人にとっては、お客さんが「心の支え」になってくれます。

次のような話があります。

東北地方の太平洋沿岸で、民宿を営んでいる人がいました。

しかし、平成23年の東北地方を襲った大地震、そして地震によってもたらされた大津波によって、民宿の建物が流されてしまったのです。

幸いにも、家族はみな無事でした。

しかし、建物を流されてしまったショックは大きいものでした。

その後の仮設住宅での生活のストレスもあって、その後一年ほどは何もする気にはなれず、ただ茫然《ぼうぜん》と暮らしていたと言います。

そんな民宿の主人の心を支え、また再起のきっかけを作ってくれたのは、かつてそ

の民宿の常連客だった人たちでした。

かつての常連客たちから、

「民宿の再開を楽しみにしている」

「ご主人が作った魚料理をまた食べたい」

「再開したら、家族みんなで泊まりに行く」

といった励ましの手紙が、仮設住宅にいた民宿の主人のもとへたくさん届いたのです。

民宿の主人は、そんな常連客だった人たちの励ましの言葉を心の支えにして、また民宿を再開することができたのです。

この事例に限らず、商売をやっている人には、「お客さんの励ましで、逆境を乗り切ることができた」という経験を持つ人は多いと思います。

言い換えれば、**逆境にある時、お客さんが多くの励ましの言葉をくれるのは、その商売をする人が日頃からお客さんを大事にしている証しでもあるのです。**

植西 聰（うえにし・あきら）

心理カウンセラー
東京都出身。

学習院高等科、同大学卒業後、資生堂に勤務。

独立後、「心理学」「東洋思想」「ニューソート哲学」などに基づいた人生論の研究に従事。

一九八六年（昭和六十一年）、体系化した『成心学』理論を確立し、人々を元気づける著述活動を開始。

一九九五年（平成七年）、「産業カウンセラー」（労働大臣認定）を取得。

〈近著〉
・平常心のコツ（自由国民社）
・やる気のコツ（自由国民社）
・心を立て直すヒント（青春出版社）
・覚悟のコツ（リンダパブリッシャーズ）

逆境力《ぎゃっきょうりょく》のコツ
「レジリエンス」を鍛える92の言葉

二〇一五年（平成二十七年）六月十二日　初版第一刷発行

著　者　植西　聰
発行者　伊藤　滋
発行所　株式会社自由国民社
　東京都豊島区高田三―一〇―一一
　〒一七一―〇〇三三　http://www.jiyu.co.jp/
　振替〇〇一〇〇―六―一八九〇〇九
　電話〇三―六二三三―〇七八一（代表）
造　本　JK
印刷所　大日本印刷株式会社
製本所　新風製本株式会社